Io e (il)
Mostro
Storie di dubbi, paure, amore e altre mostruosità

我與
情緒小怪物

聊一聊那些焦慮、恐懼、失落，
找回安定內在

Roberta Guzzardi
羅貝塔・古扎迪——著

李夢如——譯

自我的每一個面向，
都是人生旅程帶來的禮物

臨床心理師／洪培芸

人生旅程的每一段路，都是值得；自我的每一個面向，都是禮物。

讀著《我與情緒小怪物》的精采故事，搭配精緻可愛的插圖時，瞬間讓我進入時光的長廊。想起在國中時期，我也曾經想要成為漫畫家，記得那時的零用錢，幾乎都是用來買日本進口的彩色墨水，還有專門用來畫漫畫的各種用品，甚至連噴槍都買了。

後來的我，當然沒有成為漫畫家（不知道是該大笑，還是苦笑）。

不過，這也正好回應本書的其中一段：別讓曾經的夢想，變成侷限自己的束縛。

　　沒有實現夢想，不代表你走錯路，也毋須成為扛在肩上的隱形包袱。走過的路，湧現的各種情緒，都在引領你持續探索內在心靈，深入地認識自己，這就是正確的道路。

　　情緒小怪物就是你內心深處裡，某一部分的自我。許多人都對情緒，尤其是負面情緒都有長年的誤解，以為負向情緒都只是來搞破壞，殊不知它的存在有著象徵及提醒的意義，只要你懂得拆解它、轉化它，並與它和平共存。

　　作者提到他走在聖雅各之路時，想要訂機票離開朝聖之旅的那段，讓我莞爾一笑。每個人都得面對人性的掙扎，包含我也一樣，都時常在逃避與面對中拔河。

　　有趣的是，一旦你選擇面對，就會遇到意想不到的好事。這也是後來的我，能夠選擇面對，持續化為行動的主要原因。

　　人生痛苦來源之一，就是認定一個人、一件事、一條路之後，就認為一切都應該依照自己設想的軌跡來發展。一旦計劃趕不上變化的情況發生，就會陷入焦慮，也會陷入自我否定。如果你能看穿這種執著，當下就能解脫。

我尤其欣賞作者的提醒：「生活本身就存在著微小卻美妙動人的瞬間」和「要學會不被表象迷惑」。這也是最新奧斯卡金像獎影后楊紫瓊女士，在哈佛大學法學院致詞時所分享的其中一個建議：保持放鬆（Stay loose）。換言之，不被表象及暫時的成敗所迷惑，無論順境逆境都要能夠保持放鬆。如果我們只懂得高速運轉，不斷衝刺而長期緊繃，我們就無法順應生命中必然會有的高潮與低谷。懂得放鬆，進而能在低谷過後，繼續燃燒累積的能力及熱情，活得更精采出色。

　　《我與情緒小怪物》的溫柔陪伴，是送給孩子和自己最好的禮物，能幫助我們更懂得愛自己，也能和世界舒服相處。

謹以此書獻給所有因為內心住著小怪物，

而被他人貼上異類、奇怪、瘋狂等標籤，

甚至被誤解的人；

獻給不知道應該如何生活、為何生活和在哪生活，

一直嘗試透過問題表象找尋答案的人；

獻給不甘於空虛和平庸，

正在追尋世事的真理、真相和深意，

追求良好人際關係和美好愛情的人；

獻給想要探索人生的意義，

正在為絢麗多彩的人生全力以赴，

不斷創造個人價值的人；

獻給時常陷入困惑，希望能驅散心中迷霧的人；

也獻給已經明白困惑會永遠存在的人。

也許正是明白了這一點，

他們才更容易找到自己與世界相處的正確方式，

從而一點一點過得更好。

目錄

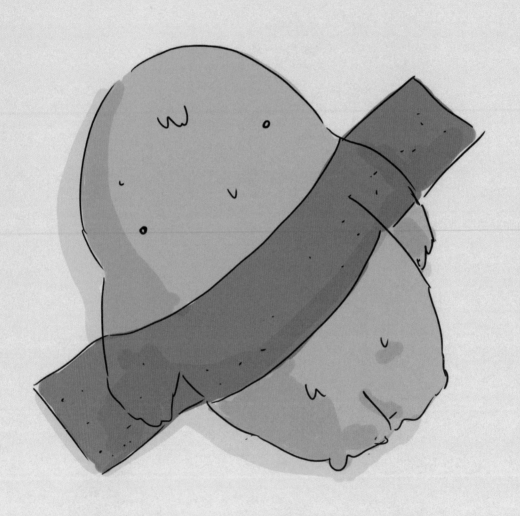

情緒小怪物
是誰呢？

心理學家榮格曾經說過：「人不能在對光明的想像中等待啟蒙，直面陰影中的意識才是覺醒之路。」什麼是「陰影」呢？當我們說到「內心的陰影」時，所指的又是什麼？被每個人藏在內心深處，遭我們否認、批判和逃避，甚至試圖隱藏和捨棄的那部分自我和人格是什麼呢？或者說，住在我們每個人心底的「小怪物」到底是什麼？

　　在 1980 年代，當時還是個小女孩的我，非常喜歡一部美國的情景喜劇《闔家歡》（Family Affair）。我每天都看，一集也不肯漏掉。

　　劇中主角是三個小男孩。在某集故事中，其中一個小男孩交了一個自己想像出來的朋友，是一隻叫做「阿圖羅」的小熊。這隻想像中的小熊讓男孩的叔叔寢食難安。他憂慮侄子的心理狀況，甚至因此去諮詢心理師。

　　後續情節及故事的結尾我已不太記得了，但還是能清晰回想起來，當我看到主人公竟能擁有一個想像的朋友時，內心驚訝的想著：「為何我不能也有一個想像出來的朋友呢？」

於是，我在腦海中勾勒著想像朋友的模樣，這個朋友要比我高得多，他的身體健碩而柔軟，還要有蓬鬆的皮毛。在我的設想中，他來自一個住在星星上的大家族。我還在祕密日記裡，為這個家族中的每個成員都取了名字，並且記下他們家的地址：加拉提亞之星路 1 號。

這個家族除了我的朋友阿圖羅外，還有阿圖利諾、阿圖拉、阿圖莉娜、阿爾貝托、阿爾貝迪諾、阿爾蓓塔和阿爾蓓蒂娜等。但我只喜歡阿圖羅，因為在他們之中，只有阿圖羅肩負一項特殊使命：在我需要時來到地球上，陪在我身邊。

　　我知道我的朋友並非真實存在，不過對當時還是小孩子的我來說，這一點並不重要。阿圖羅就在那裡，這樣就夠了，我不在乎他是否只存在自己的想像中。我能想像得到，當我伸出手時，他會立刻用柔軟的爪子握住我的手，這帶給我極大的安全感，並且感到非常滿足。

　　李察・巴哈（Richard Bach）在《彌賽亞手記》（Messiah's Handbook）一書中曾經明確指出：「如果你堅持刻意鍛鍊自己的想像力，一段時間後將會發現，即使現實世界的人擁有實際的身體和心跳，想像中的人物有時甚至比真人更加真實。」誰能知道他說得對不對呢？

　　後來隨著逐漸長大，阿圖羅這朋友也被我慢慢遺忘了。我在日記裡不再寫信給那住在星星上的朋友，而是開始寫滿自己暗戀男生的名字、只告訴好朋友們的祕密，以及用傷感又熱烈的語言記錄內心的不安。當我愈是長大，內心混亂帶來的影響就愈是深

刻。

　　實際上，從童年時代結束之後，我的內心世界就完全變得嘈雜並時常陷入混亂。我經常感到痛苦，卻又根本不知道痛苦從何而來。

　　我也常常繪畫，但每每下筆時，刻意或隨意勾勒出的線條，都描繪著心裡無法驅散的陰暗。

　　我能感覺到，在成長過程中有些地方出了錯，我身上好像有一部分變得奇怪。我實在厭惡這種狀況，但又不知究竟該如何才能改變當時的狀況。

　　總而言之，我的青春期就是在不間斷的繪畫中，伴隨著壓抑的情感和難以言明的苦悶結束了。隨後我到羅馬讀大學，主修通訊工程，此外也在課外報名了漫畫培訓班。那時我還期望能成為迪士尼的簽約漫畫家，並且堅信夢想一定可以實現。不過出乎意料的是，在之後的三年裡，我完全陷入了心理危機。

　　起初是在漫畫方面，畫院裡天賦異稟的同學太多了，他們的繪畫風格迥異、畫技精湛，出色的作品令我驚嘆不已。我總是忍不住拿自己與他們比較，以至於漸漸對自己的繪畫能力失去了信心。當然，現在回想起來，當時的想法實在不明智。

　　我在大學的前幾年過得很艱辛，直到做出一個對人生影響深遠的決定：放棄通訊工程和漫畫繪畫，走上心理諮商之路。

從那之後，一切都變得順利了。我圓滿完成五年的學業，通過了國家職業資格考試，從事心理諮商工作。這幾年我快速成長，挖掘出自己在心理學專業上的潛力，也發現潛藏在內心的陰影。我曾經試圖逃避它，但混亂和令我不安的那部分自我愈來愈不容忽視。最終我選擇直接面對，在這個過程中，心理學專業知識給了我很大的幫助，當然，環境和經歷的影響也不小。此外，我還重新拾起了畫筆。

　　畢業後，我成為一名心理師，在心理諮商所為患者做心理治療。多虧這份工作帶來的成就感，讓我放下「一定要成為職業漫畫家」的執念。長久以來，這個曾經的夢想已變成我為自己設下的束縛，但從那時起，我終於擺脫了曾經壓倒自己的自卑感，可以重新開始創作漫畫。我在 Instagram 上建立了個人主頁，以便在社群上分享自己的作品。

　　社交平台上經常有向畫家發起的「繪畫挑戰」，我有時會為了尋找創作靈感而參加這類活動。2019 年 7 月的繪畫挑戰主題是，在當月根據每天規定的詞語畫一幅插畫。我決定參加並根據這些詞語來創作一個故事。於是，偶然的靈感與情景引發的感觸就這樣產生交集，我漫畫的主人公（小怪物和小女孩）誕生了。

對我來說，這是一次非常特別的創作體驗，因為我既是作者，也是讀者。這個漫畫故事從一開始就沒有任何大綱，即使是我自己，在每天落筆之前，也不知道在當天創作的漫畫中，故事會如何發展。但我可以看到兩個主人公的形象一天天生動起來，他們的互動愈來愈頻繁，性格也愈來愈鮮明。

　　漫畫中，小女孩總是穿著紅白條紋的 T 恤，小怪物則一直出現在她身邊。小怪物表現出矛盾的性格，他有時體貼、溫柔又友善，有時暴躁、自私又愛嫉妒。剛開始我並不知道他是誰、代表什麼，直到故事快要結束時，小怪物和小女孩之間的一段對話，突然揭示了他的身分，讓我在驚訝中恍然大悟。

　　我畫了一個月的小怪物，這個彷彿受命運指引而被我創造的角色，實際上正是我內心的陰影，他是我一直以來厭煩且竭力壓抑的部分自我投射。直到今天，我仍未真正與這部分的自我和解，但同時也意識到，小怪物的意圖並不像我曾經以為的那樣：想要破壞、添亂，或者成為我人生道路上的阻礙；恰恰相反，他想要幫助我！反而是我一直將他拒於門外，試圖把他藏起來，不讓別人發現，於是在很長一段時間裡，我一直都在忽視他。

直到那一刻我才明白，我內心陷入危機的根源並不在於小怪物（內心的陰暗面），而是因為我不敢面對他、不能正視他，以至於無法看清完整的自己。

　　正如榮格所說：「壓制內心的陰影，就像是為了治療頭痛，竟然把頭給砍了下來，是最糟糕的處理方式。」這句話十分有道理。我們內心的陰影，或者說我們內心的小怪物，雖然令人感到不適，有時甚至令人厭惡，但他是我們完整人格的一部分，與其他部分一起構成了最真實的自我。我們內心的小怪物，不只代表人格中的負面部分，還包含了自己沒意識到、沒有表現出來、尚未自我實現的那部分。

　　只有把內心的小怪物和其他部分看做一個整體，我們才有可能更了解自己，並且認識更完整的自己。這也解釋了為何承載我創作靈感的故事主人公，會是小怪物和小女孩兩個角色。

　　小女孩代表在人生路上遇到問題和困難、處於逆境的我們。她遇到了各式各樣的問題，做出了錯誤的選擇，然後把生活弄得一團糟。她一邊和小怪物對話，一邊不斷為自己混亂的人生找尋答案和意義。

而小女孩身邊的小怪物，就如同她所稱呼，是潛藏在我們內心的怪物，代表了我們難以接受的部分自我，代表了我們厭惡、想捨棄、不願面對的內心陰暗面。但面對起起伏伏的人生，小怪物會引導我們發現為人處世、勇敢前行時，所需要的智慧和啟示。

　　所以，即使面對內心的陰影可能會讓我們感到沮喪、不安甚至恐懼，但就像羅伯特·布萊（Robert Bly）在《淺談人性陰影》（A Little Book on the Human Shadow）中所說：「只有停止逃避自我，一個人才能有所成就。」《星際大戰》系列電影中路克·天行者（Luke Skywalker）和達斯·維達（Darth Vader）的相遇和衝突也告訴我們，只有勇敢面對自我的陰暗面，才能真正認清自己。

　　讓我們想像一下，也許每個看起來可怕又令人討厭的小怪物，背後都有一個被遺忘的朋友阿圖羅，他一直渴望有一天能重新牽起我們的手，帶領我們去發現關於自我的祕密，看清那看似陰暗卻不與光明對立的一面。

情緒小怪物
和生活

01

小怪物和生活

精神病理學家伊莉莎白‧庫伯勒‧羅斯（Elisabeth Kubler-Ross）曾寫道：「生活就像一台離心機，你自己決定在其中是被摧毀還是被雕琢。」

我曾經堅信，人的一生必須有所成就，應該達成宏偉的目標，完成偉大的事業，取得輝煌的成就。這對我來說相當重要！我認為人生不能僅僅只是混亂、無意義事件的集合。我應該有遠大的夢想！

在某個時間點，我確實也找到了夢想，它美麗、燦爛而遠大，我相信自己一定能實現它。直到有一天，關於夢想的一切驟然崩塌，我失去了親密的伴侶，失去了生活的重心，失去了人生的目標，更嚴重的是，我失去了對自己和一切的信心。

2015 年 7 月的一個清晨，我在這種情況下走出公寓的閣樓，用完早餐後背起背包，踏上旅途前往聖雅各之路（Camino de Santiago）。

有些讀者可能不清楚，聖雅各之路是一條朝聖之路，終點位於西班牙聖地亞哥市。西元九世紀，有人在這裡發現了聖雅各[1]的墓穴，之後逐漸形成一條通往此地的朝聖之路。聖雅各之路有很多路線，其中最著名、旅客最多的一條路線，是沿著庇里牛斯山脈，一直延伸到加利西亞，全程約 800 公里。聖雅各之路每年都會吸引超過 20 萬名朝聖者前來，其中大部分人都會選擇徒步。

　　我很多年前就聽過這條朝聖之路，雖然嚮往已久，卻一直沒下定決心前去。我總是覺得自己沒有足夠的時間、動力和實行的勇氣。

　　直到 2015 年，我終於啟程了。

　　我從布爾戈斯（Burgos）市出發，隨後的 25 天裡，我步行了約 600 公里。出發時我獨自一人。

　　小怪物在內心深處陪著我，但他當時還沒演變成我如今筆下的模樣。我們仍處在無法溝通的階段，我無法理解他，他也無法向我展示自己。

1　譯注：耶穌十二門徒之一。

這是「憂鬱」的消極面正在作祟，這是相當沉重的階段。

還沒有被我接受的小怪物，一直折磨著我的內心。我在路途中經常自問：「誰讓我這樣做？這樣做值得嗎？」

即使如此，我也不想放棄這段旅程。不過，當時的我確實不明白走完旅程的意義何在。在我視為精神支柱的人生規畫崩塌後，生活中的一切都變得沉重、艱辛和殘酷，不管做什麼事，我都無法真正感到快樂。

剛開始走聖雅各之路時，每天早上醒來，我的感受都差不多：四點半左右被鬧鐘叫醒時，兩腿依舊痠痛，起床後還將面臨20～25公里，甚至30公里的步行。

這種感受太糟糕了。記得那一陣子，我每天醒來都會躺在床上思考，要不要訂當天第一班飛機離開這個地方，就這樣考慮好幾分鐘。

旅程的開頭實在令人沮喪。

但接下來發生一些美好的事。

當我躺在床上盯著上鋪，努力振作精神增加起床的動力時，各種聲響組成的小型「交響樂」已經開始演奏：鬧鈴聲、打開睡袋拉鍊的聲音、腳踩在地板上發出的咚咚聲、淋浴間傾瀉而下的嘩嘩水聲，以及大家的歡笑與說話聲。這邊一句西班牙語的「早安」，那邊一句義大利語的「再見」，我內心的空虛被填滿了。

世界彷彿在用各種聲音對我說：「快起來吧，你並不孤單！」

這不是輕易能體會到的事。我曾經決定孤身一人踏上旅程，當時因為想要獨處（或者說只能獨處），我內心的小怪物還未轉變成現在筆下的模樣。幸運的是，我很快就在旅程中領悟，即使我們堅信一個人可以過得很好，生活卻是由人與人之間的連結所構成。

踏上旅程的第三天，我走了 28 公里後，靠著其他人施以援手，才能步履蹣跚的繼續前行，沒有因筋疲力竭而放棄。

正是因為獲得了幫助，當我患上肌腱炎時，才得以受到救治，沒有因為受傷而放棄旅程。

正是因為獲得了幫助，當我因食物中毒引起發燒、渾身痠痛無力而無法出門時，才得以安心休息，甚至還吃到當地特色美食「檸檬飯」，這道美食在之後的旅程拯救了我的胃。

人是一切。

人與人之間的連結就是一切。

我們以為人可以完全獨立，能夠自我滿足，對他人不屑一顧，但是終有一天，我們再也無法獨力支撐這樣的生活。到了那時，能夠對我們施以援手、拯救我們生活的，恰恰是身邊的人。也許是親密無間的朋友，也許是素昧平生的人。世界上其他的人，就是生活為我們選擇的幫手。

這是我在旅途中的第一個感悟。另一個感悟則是有關「失望」這種情緒的本質。

起初，我懷著尋求救贖的念頭踏上朝聖之路。但我並不知道怎樣尋求，也不知道一路上會遇到什麼。也許朝聖之路會改變我

對人生的看法；也許會有奇蹟發生，讓我擁有嶄新的夢想和不同的命運。總之，當時我認定曾經的夢想已然破滅，再也沒有機會實現了。

我試圖找尋人生的新出路，渴望獲得指引。最終，我什麼都沒有找到。

然而，某天早上，朝聖之路對我「說話」了。

那是再尋常不過的一天，黎明時分，我像往常一樣出發，在空曠的荒野上，我是那條小徑上唯一的行人。

踏上旅程以來，儘管我見到很多美麗的事物：原野、花叢和天空，認識新的朋友，擁有很多美好的瞬間，還重新認識自己的身體（畢竟體力和耐力是旅途中能真正依賴的東西），但我還是能感覺到，內心巨大的空虛始終無法填滿。

因此，我的怒火和煩躁難以遏制。

我忍不住問自己：「我為什麼要來這裡？我根本沒找到想要的東西！我已經筋疲力竭了，卻什麼也沒有改變，這樣做真的值得嗎？」

我因思緒在腦海裡翻湧而陷入恍惚，耳中只聽見富有節奏的腳步聲，眼中只看見腳下的路。突然間，我聽到心中有個聲

音這樣說：「你毋須再尋找『正確的人生之路』，因為你正在這條路上。」

在那一瞬間，我彷彿醍醐灌頂，一個嶄新的想法忽然在我腦中浮現：「也許，之前那幾年的經歷，並不意味著我是完全的失敗者。」

也就是說，我以為自己搞砸了一切，但其實並沒有。我不必刻意尋找「正確的人生之路」，因為我就行走在這條路上。我們從未誤入歧途，因為正確的路就在我們腳下。

我唯一的錯誤在於「對某些事物抱有執念」。我太想要得到它們，並且相信自己一定能得到，以至於在認定一件事之後，就認為一切應該按照我設想的軌跡發展。

我花了很多年才看清這種認知的錯誤。回顧自己的人生，還能相信自己，並且相信經歷過的一切都有意義，這並不容易做到。因為有時你看不透、無法理解自己經歷的一切有何意義，甚至還會因為過往而倍感痛苦。

如果我們天真的以為，生活必須按照自己設定的規則運轉，那麼在人生走向與個人計畫、期待和夢想背道而馳時，我們會想：「是哪裡出錯了呢？」我們試圖在他人身上、在社會中、在

自身裡尋找錯誤的根源。

這時我們往往會忘記，也許唯一的錯誤是：我們竟認為命運可以由自己預設。

真正的自我，永遠無法在一帆風順的生活中完全顯露。如果不經歷數次沉痛的失敗，我們永遠也看不到深藏的部分自我會是什麼模樣。

生活的廣闊、宏大和複雜，憑藉個人認知難以窺其全貌。我們不能指望自己全知全能，可以準確預測世事運轉的方式、預見事物發展的動向，讓生活永遠按照我們規劃的那樣運轉（如果能做到，當然是再好不過）。

在失望的陰霾籠罩下，隨之而來的痛苦把我們的心撕成兩半。但我們必須給生活一些時間，好讓它向我們展示，即使眼前的路很艱難，但其中蘊含著深意，我們只能慢慢去領悟。人生的旅程中，如果我們迎面遇上寫著「你不行」的路牌，不要著急，在其他地方一定有寫著「你可以」的路牌，只要我們擺脫自己為生活設下的束縛，就一定能夠找到。

現在，當我覺得生活很困難時；當我在困境中迷失了前進的方向時；當我因遭遇危機而懷疑生活的意義時；當我感覺小怪物

也無法給我啟迪時，我總會想起在朝聖之路上的最後一天。清涼的海風吹拂，我沿著海岸漫步時不斷自問：「這樣做值得嗎？」最後，我終於能發自內心的回答：「是的，這段旅程很值得。」

小怪物，真希望我們能早點找到正確的人生之路呀！

你在找什麼？
．．．．．．．．．．．．

這些是什麼呀？

是我的生活哦！

那你在找什麼？

嗯……其實我也不確定啦，
也許是歡樂、幸福、愛……
這裡簡直是一團亂嘛！

等等！先暫停一下。
你到底要找什麼？

我真的不知道啊……

好吧，那你必須先停下來，別再挪來挪去，弄得一團糟了……

或者，你可以先看看這些已經找到的東西……

其實你可以不必再找那個你也不知道是什麼的東西。

02

尋找的是什麼？

你真正想要

我父親老家有座鄉間小屋，每年八月，我們一家常常去那裡渡假。幾年前的一個夏天，我待在熟悉的院子裡卻心神不寧，感覺自己像一頭困獸，內心有奇怪的情緒在湧動，無法平靜。我的思緒好像正在崎嶇的人生道路上來回奔跑，不知道在尋找什麼。

我打算平息這種怪異而混亂的情緒，於是嘗試出門散心、游泳、與朋友聚會、去海灘散步……努力參與各式各樣的活動。但無論如何放鬆心情或運動，對當時的我來說都沒有任何意義，我並未真正投入到這些活動中，只是透過它們打發時間。

雖然身處盛夏，我內心卻陷入凜冽的寒冬，一邊扛著像山一樣沉重的失望，一邊慌亂躲避呼嘯而來的強烈挫敗感。我用一個又一個活動填滿日程，表面上看似每天都很充實，內心卻一片混亂，以至於沒能立刻發現：其實我並沒有真正振作起來。當時的我就像一輛自動駕駛的汽車，時速已達到極限，正瀕臨失控！

後來，多虧生活向我施以援手。誰也不知道，一個改變我命運的契機降臨了。我們住在丘陵地區，午後天氣很涼爽。那天我坐在門口的涼廊上，思索著該怎麼消磨傍晚時光，父母端來冰茶並坐下與我閒聊。這是一個簡單的場景，也是一個輕鬆的時刻。

情感細膩的母親，婚前一直生活在她心愛的故鄉拿坡里，又向我講起那裡的各種逸事。善於創作的父親則聊起最新構思的雕塑作品，講述如何優雅、和諧的把數學和藝術結合。

　　我就靜靜聽著。

　　這個美好時刻不是事先安排好的行程，沒人知道我們會在那個時間、那個地點齊聚喝茶閒談。那時，我並未感到煩躁不安、焦慮或興奮。

　　但我內心的一些想法在那時刻發生了改變。

　　閒聊過後，父母回到屋裡休息，我則開始有意識的反省。我終於意識到，自己所經歷的那些失望，使內心積累大量的挫敗感，最關鍵的是，我的處理方式不太正確。

　　我以為需要用滿足感對失落感進行補償，以為能用忙碌的日程填補內心的空缺。然而，無論我如何努力也沒有效果，愈是想填滿自己，就愈是掏空了自己。

　　我參加各式各樣的活動，卻偏偏忽略了一點：生活本身就存在著微小卻美妙動人的瞬間，而這些瞬間就在我身旁，它們才是唯一能真正撫平內心創傷的美好。我被補償心理所迫，完全錯過了這些細微的美好。

我們所有人都經歷過這樣的時刻。

每個人都可能會成為失望、挫折和偏差欲望的受害者，被痛苦的空虛感淹沒。我們想主動應對，試圖從每一天的「魔法盒」中發現新體驗。我們嘗試從未做過的事，認識新的人，探索從未去過的地方，試圖透過新的事物、活動、親密關係和幻想，彌補失望所造成的傷害。這並沒有錯，但重要的是，我們要學會不被表象迷惑。

行駛在生活的高速公路上，我們不能一直緊繃衝刺，要學會減速，給自己一個喘息的機會，排解心中的失落感，讓內心深處的傷口有時間癒合。這種時候，有什麼能幫助我們呢？只有生活！只有那些我們有幸經歷過的每一個瞬間，其中蘊含著驚人的力量，能夠引導我們找到曾失去的感受，重新尋回內心的熱愛和平靜，重新發現世事的魅力。

但是你感受到了嗎？

什麼？

我們又能呼吸到新鮮
空氣了！那個幻想在
破碎之前，一定偷
走了很多氧氣！

不

我一定要弄明白，運用我的智慧認真分析。你要知道，人生路上「三思而後行」是最基本的道理，而且……

啪！

咔咔

小怪物，你瘋了嗎？你不能這樣推我，而且你沒看到嗎？這裡一片漆黑……

哦！但是……四周都亮起來了呢！怎麼會……開關在哪裡呢？

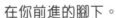

在你前進的腳下。

嘿！我們這是
要去哪裡呀？

回到過去呀，
小怪物！

過去？

對！你看到這團纏在我身上、
亂糟糟的線頭了嗎？我們必須
回去看看它是從哪裡來
的，然後解開它！

解開線頭？

對！我們必須找到線
團打結的地方，然
後解開它！

只有這樣，才能做好準
備，走向未來，
你明白嗎？

為了以後能夠前進，現
在的後退是必須的。

小怪物，因為自由需要犧
牲！為了向命運指引的方
向出發，即使不喜歡，
我們也要去做該做
的事……

線頭在這裡！
你要找的是這個嗎？

你在做什麼？

小怪物，我在
收拾我的行李。

行李？
你要去哪裡？

我要遠離我的
過去。有一些
東西，我再也
無法忍受了！

那你現在就要
走了嗎？

沒錯，而且我已經
決定了，只把我能
理解的那些經歷裝
進行李，然後踏上
自己的路！

那你現在還不能理解的那
些經歷，要怎麼辦呢？

扔到一邊就是了！
我不想讓那些經歷
再來煩我了。

好吧，那你以後怎麼辦？

什麼？

你終究還是要成長的呀！

03

人生中無法理解的經歷

當我們在生活中遇到難以理解的事情時，第一反應往往是丟掉它。我們理所當然的認為，人生旅途中值得保留和珍藏的經歷，只能是我們可以理解，並且知道其含義、重要性、緣由和來歷的那些。

　　人際關係的破裂、面對困境時的逃避、內心世界的封閉，這些情況在生活中都很常見，而原因就在於我們的「不理解」。

　　我們不理解那個人為什麼會這樣做；我們不理解那件事情怎麼就突然發生意外的轉折；我們不理解疾病、災難等不幸為何會發生。

　　有時，當我們遇到短時間內無法知曉來龍去脈的事情時，往往會感到困惑，並且選擇把它從我們的人生背包中丟棄。

　　但是，如果就這樣丟掉不理解的事物，捨棄我們的朋友，割捨人際關係和過往，難道就能追求到真實、豐富多彩而有意義的生活嗎？

　　這種逃避態度從某個角度來看，也許能讓我們免於因探索事物的矛盾根源、挖掘其中意義而經歷的辛苦和磨難。但從另一個角度來看，這樣做也會讓我們錯過從生活當中得到更多啟迪的機會。因為生活的真諦並不在於把每時每刻都過得合理、正確、有

意義。

　　成長，實際上也意味著我們明白並接受：有些事需要花費時間去深入挖掘，甚至去改變，然後才能理解。

　　即使我們自認相當成熟和理智，但沒有人能永遠不出錯。面對困境，我們無法掌控解決困難的全部要素；面對真誠向我們道歉的人，我們可能還沒擁有原諒他們的胸襟；面對他人的脆弱和善變，我們可能無法感同身受。

　　當然，面對帶給我們傷痛的境況和關係時，並不代表我們要停留在原地，或是一味沉浸在無法改變的過去中（例如我在〈線頭〉那一篇漫畫所描繪的情況）。生活的目標一定是走向更美好的未來，讓自己過得更好、更幸福。但在人生路上，我們必須記住，如果認為只有自己能理解的事物才有價值，那就意味著生活被當下的認知水準限制住。我們的認知水準不會停滯不前，隨著自身的成長，有些事物也許之後就可以理解了。

　　實際上，我們從過往經歷中獲得的經驗和思考，決定了我們的改變和成長。

　　生活中的一些問題，可能需要幾年後再度回首時，才能得到答案！有時生活像一面複雜的拼圖，需要我們有耐心經過漫長的

時間，才能一點一點將其拼湊起來，描繪出完整的圖案，看到生活的全貌。

為了欣賞到完整的圖案，我們絕不能屈服於害怕心理，不能因為當下不能理解某些事的意義，就把它們從人生的行囊中丟掉。我們還太年輕，見識太淺薄，無法立刻看清所有事物的本質。但就給自己和生活一些時間吧！相信自己，相信生活。

不丟棄人生中的任何經歷，將來才能發現之前走過的路，對我們有著怎樣的意義。我們曾經跨越的溝壑、落入的陷阱和翻越的障礙，都有著深遠而宏大的人生意義。

在這個世界上，凡是至關重要的實質突破、震撼人心的真相和堅不可摧的真理，通常都無法輕而易舉的獲得（若有幸遇到這種情況，那確實值得歡呼）。實際上，我們總是在不理解的事情中，在無盡的失望中，在陷入深淵、幾乎停滯不前的掙扎狀態中，發現生命中的珍寶。

因此，如果選擇放棄人生中無法理解的經歷，就好像是認為蚌殼看起來太厚、難以打破，結果放棄嘗試打開。如此一來，我們也就失去發現藏在蚌殼中寶貴珍珠的可能性。

可不是嗎？

後來

柵欄

你在做什麼呢？

我在做柵欄呀，小怪物！

咚咚咚

柵欄？

是的，我要做一個完美的柵欄，好好守護我內心的平靜。

你內心的平靜……

沒錯，就是這樣！我內心的平靜！我花了好多力氣才穩住它，現在我絕對不會讓一陣風把它吹倒！

咚咚咚

我已經受夠了！受夠那些找不到答案的煩憂、懷疑、和困惑。我真的受夠了！我想要平靜！我要靜一靜！

你看，小怪物！我買了幾個「人生啞鈴」！

哦，你要用來做什麼？

親愛的小怪物！我要變得更有力量、更強壯、更有活力！總之，我要改變自己。

為什麼要改變呢？

小怪物，實際一點⋯我不能一直這樣下去⋯⋯脆弱、敏感、情緒化⋯⋯這是不行的！

不行嗎？

這不是很明顯嗎？生活並不容易，人生之路崎嶇又艱險！像我這樣的人，根本過不好，我早就知道了。

但我想好好過生活！我想要成功！如果這需要改變我的本質，那就改變吧！

拜託，我們要誠實一點……如果一個人太脆弱，那他怎能戰勝困難呢？他要怎麼實現夢想，活出自己想要的生活並展現自我呢……你好好想一想……那簡直需要發生奇蹟了……

（接續下頁）

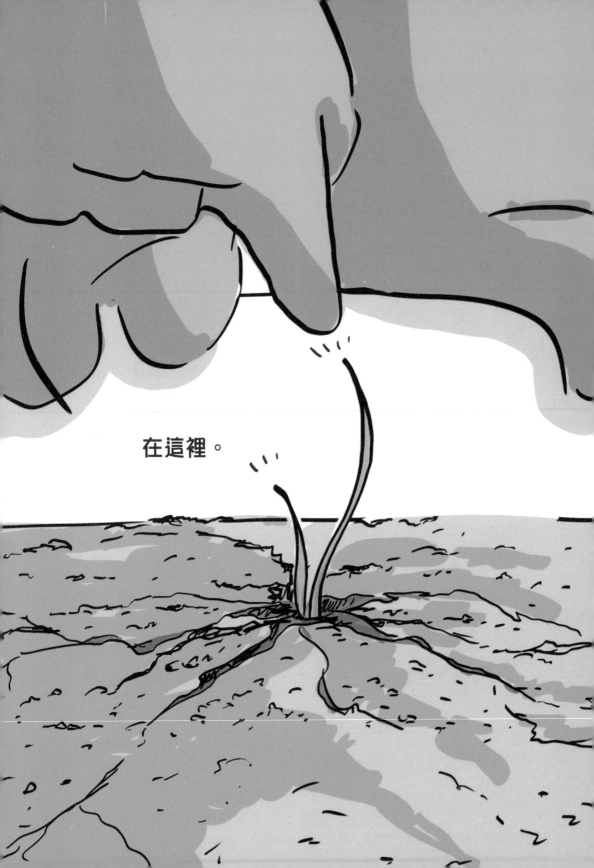

在這裡。

漫長的旅途

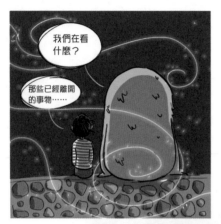

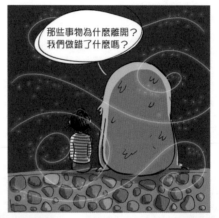

早安。

早安。

又回到起點了？

是啊！

也好。

「也好」？好吧，不知道你是怎麼想的，小怪物，但我不覺得回到起點有哪裡好。

但這個起點和以前的那個，並非一模一樣。

怎麼不一樣？

你沒看見連那邊的牆壁、景色和路標都一模一樣嗎？

雖然有一模一樣的牆壁、景色和路標，但還是有些微妙的不同，你沒發現嗎？

在哪裡？

嗯，我們已經到了更高的層次。

更高的層次？什麼層次？

生活的螺旋，你沒發現嗎？

那是什麼？

嗚

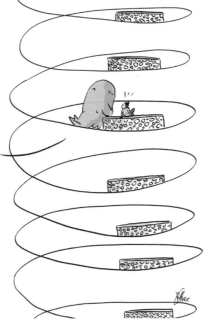

啊，不要擔心。
總有一天你也會明白的。
現在我們雖然是在原地打轉，
但實際上也是在前進。

04

前進的螺旋

我們的生活應該是每一天都在進步：不斷改正自身的缺點，從錯誤中汲取教訓，並且在人生的下一個十字路口，學會找到正確的方向。但我們經常十分困惑，認為自己竟然在倒退，真是百思不得其解！有時甚至彷彿又回到起點，過往經歷的事物似乎全無用處。

　　這種倒退感帶來的沮喪，真的很令人難受！試想，在經過殫精竭慮的努力後，卻發現又遭遇了那些曾克服過的困難，再次陷入之前擺脫的困境，一切似乎不可避免，曾經折磨我們的各種負面情緒又帶來了困擾。

　　但真相是什麼呢？

　　我們真的如此盲目，沒有進步，總是重蹈覆轍嗎？

　　事實並非如此。即使你感覺好像回到了原點，但實際上，生活中任何事物的變化過程很少是線性。從一點到另一點之間的路程，並不是一條直線，更多時候是螺旋狀。

　　當我們走在人生的道路上時，也許有時是向前走，卻感覺自己在倒退。不用驚慌，你只不過走在「螺旋前進的道路」上，正在向更高的層次邁進。

生活中，我們每個人都走在不同的道路上，腳下的路盤旋一圈的長度不同，每層螺旋上升的高度也不同。因此，有時我們感覺自己改變了很多，已經大步向前邁進了，但是感受到的進步卻很小，甚至覺得一切停滯不前。請不要擔心，這可不是在原地踏步！生活中唯一不變的就是變化本身，無論是人的身體、情感還是心理，都是如此。

因此，問題的關鍵並不在於我們是否在改變、改變了多少，而在於自己正朝著螺旋的哪個方向前進。

我們是在往上走，還是在往下走呢？我們是在往前走，還是在往後走呢？

我們能決定如何改變自身嗎？我們是處於不斷改變的過程中，還是直到經歷了一些事情後，才能做出相對應的改變呢？我們可以主導這些改變嗎？

答案就在生活之中：一方面，我們的經歷會改變對自身的認知、對他人與世界的看法，進而讓我們的情感、思維、夢想發生變化；另一方面，我們可以主動控制變化的進程，決定是要放任變化去發展，或是努力調整變化的方向。

當然，個人意願並不能決定一切，也許有時放手讓生活順其自然，也能取得很好的結果。但是不要忘記，做為有智慧與思想的生物，我們可以選擇努力把握事物發展的方向和節奏。

即使我們的人格難以改變，但總是可以選擇用更積極、有效、恰當的方式來面對生活。

早安！

早。

怎麼了？沒睡好嗎？

為什麼？

因為生活太艱難了呀，
我的路總是崎嶇不平！
我遇到的事沒有一
件是順利的！
沒有！

嗯，我明白了……

啜泣……

好吧，天下無難事，只要肯放棄。

小怪物，你在說什麼鬼話？怎麼能因為事情太困難就選擇放棄呢？那我們要怎麼找出生活中真正重要的事，還有我們在意的事？那生活會變成什麼樣子啊？

等著看吧！你這次真讓我失望！我還是去其他地方吃早餐吧，我今天還不想……「放棄」！嘖！小怪物，我必須說，你今天說這些話真的很欠揍，再見！

呼……激將成功！♥

山

小怪物，前面那個巨大的物體是什麼？你有看到嗎？好像是一座山！景色好美啊！我想嘗試去攀登，但又有點害怕……

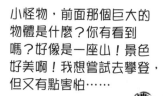

你說的是那個嗎？

那是真實的你。

05

真正的偉大

當我們還小的時候，一點小小的成績就能獲得讚美，並因此感到滿足和驕傲。「你能站起來了，真是太棒啦！」「你怎麼把小扁豆吃得滿臉都是？但是好可愛呀！」「拍拍小手？你真棒！」

　　他人的讚美讓我們建立了信心，並且激勵我們不斷努力、學習和成長。

　　但隨著我們長大成人，曾經的鼓勵、掌聲、笑容和稱讚消失不見了，一切都變得不同了。

　　「這次你又贏了？偶爾也讓弟弟贏一次吧！」

　　「你繞著房子跑了一大圈？好吧，好吧，那現在能安靜一下了嗎？我們被你吵到頭很痛。」

　　「你是說鼓掌嗎？之前已經鼓過掌了，也不是每次都要鼓掌才可以吧！」

　　這種改變相當正常及普遍，本身就是生活的一部分。但是久而久之，這種改變也讓我們忘了自己的美好和價值，忽視了自身的獨特。幸運的話，我們會為自己貼上「正常人」這標籤；要是不走運，甚至可能會認為自己是「奇怪的人」。

　　雖然不是每個人都會有上述這些遭遇，但它確實發生在很多人身上。這就令人很難區分，什麼是健全人格應有的自尊，什麼

是過度自大或自卑。

　　有時，我們會發現自己的一些優點，但只敢在心裡默默自誇，不敢直接告訴別人，因為害怕這樣做會顯得自大、惹人厭；有時，我們可能會故意誇大自己某方面的才能，希望得到別人的稱讚，因為自童年結束後，我們再也沒有聽到來自他人的讚美。但這些都是錯誤心態，會讓我們高估自己並不突出的優點，或者低估自己真實的能力。

　　一方面渴望被認可，另一方面又害怕被貼上「傲慢」、「自大」甚至「自戀」的標籤，這種矛盾心態讓我們懷疑自己，並且忽視了內心正不斷嘗試對我們的呼喊：「看，你真的很擅長這個！快看呀，你有優點，你並不是差勁的人！」於是我們躲在層層偽裝的後面，又暗自希望別人能發現自己的優點，並且開口稱讚：「哇，你真是太了不起了！我要為你鼓掌，你太棒了！」

　　我們害怕自己在這世界上毫無價值，卻羞於展示自己的價值。我們好像必須遵守「正確行為」和「社交慣例」，任何破格的行為都是錯誤，應該盡量避免。因此，我們過著循規蹈矩的生活，盡力避免會引發關注、引起轟動的行為，但這樣一來，自然也不可能獲得久違的掌聲了。

讓我們陷入這種境地的根源，是因為我們不知道如何正確看待自己。

　　我們忽視了自身的獨特之處：我們之所以獨特，不是因為精通十八般武藝，也不是因為美麗、善良、聰明、有神奇的力量、能超音速飛行或其他種種，而是因為我們就是我們自己。每個生活在這世界上的人都獨一無二，就是這麼簡單，獨特只因為我們存在。

　　小怪物有時會出現提醒我們，這種錯誤心態正在悄悄襲來，我們應該留出片刻時間來思考：我是不是比自己以為的更出色呢？承認自己很優秀，並不意味著自大狂妄吧？與眾不同，並不意味著我是怪胎，而是我真的很優秀？也許我並不如同自己以為的一無是處。

　　成為偉大的人，並不表示要比別人更強、更優秀，關鍵在於能認識到人性的美，認識到人活在世上應有的尊嚴，並且正視自己的價值，客觀看待自己。即使自我審視的結果可能令人恐懼，但這必將指引我們調整生活的方向。

當我們真正領悟到「偉大」的含義，找到屬於自己的生活方式時，就可以不再透過貶低或抬高自己的行為，掩飾內心對於不被人喜愛的恐懼。這種恐懼會偷走我們健全人格中很寶貴的部分，包括敢於冒險、犯錯和失敗，以及最重要的部分：敢於成功的勇氣。

想像

那就開始想像，你想要
改變什麼？

我好希望生活中的一些
事情能夠改變。

我在！

小怪物……

要怎樣才能得到
幸福呢？我已經
很努力了，但還
是找不到……

幸福？

對，我真的不明白……
每次我以為自己抓住
幸福了，但它都會再
次從手中溜走……

然後一切都是一場
空……所有美好
的事都在我手中
破滅，總是徒勞無
功……

我明明嘗試過了，
也很努力想要去
改變、抗爭，然
後……

我不明白……難道我被詛咒了，還是說，因為我的內心深處懷有恐懼，所以幸福拋棄了我？

小怪物，你覺得呢？我是不是哪裡做錯了？

在我看來，你並沒有哪裡「做錯了」。一直以來，你偶爾獲得的短暫幸福，並不是真正的幸福。

真的嗎？為什麼你覺得不是呢？

因為幸福並不能「獲得」……

你只能歡迎它來到你身邊。

崩塌

. . . .

嘿，發生什麼事了？

唉，小怪物⋯⋯這簡直是一場悲劇⋯⋯所有的一切都崩塌了⋯⋯就在一瞬間⋯⋯

怎麼會這樣呢？

小怪物，這就是關鍵！你不知道，我一直都很小心、謹慎，但就因為吹來了一陣風！你明白嗎？

你看這裡⋯⋯這裡本來有一座宏偉的城堡，我用心搭建，傾注心血和希望⋯⋯可是⋯⋯現在什麼也沒有了。

真遺憾，但是⋯⋯你蓋這座城堡是要做什麼呢？

小怪物，我也不知道……
也許我只是想擁有什麼
牢固不變、真實可靠的
東西……能夠長久留
存……

好吧，其實還是有些東西
留下來了……

是什麼？

抽泣

是你！

o6

紙城堡

忽視本身的個人價值，甚至懷疑自己是否有價值，是我們人生旅途中不可忽視的其中一個危險。

　　我們愛自己的能力總是十分微弱，看不到自己身上的美好和可取之處，以至於總是要做某些事來證明自己。

　　我們內心深處常下意識的自我貶低、自我批判、自我指責，而這些念頭往往藏得太深，讓人無從察覺。人生路上的規畫、夢想和犧牲，實際上是為了證明我們值得被尊重、被愛、被欣賞。這不只是向別人證明，更是向自己證明。

　　我們疲於奔命不斷找尋，期望彌補內心隱密的自卑。

　　讀書、旅行、戀愛，我們拚命追求這些來證明自己並非一文不值。有時我們確實成功了，但這恰恰是問題所在。

　　我們有了成就，終於得到了別人的欣賞、愛和重視。這種感覺相當美好，好像我們真的有義務證明自己配得上這種欣賞、愛和重視。

　　在這種情況下，只有生活才能拯救我們。生活要如何拯救我們呢？

　　它會拆掉我們為自己建造的「紙城堡」。

只有當一切都分崩離析時，我們才有可能明白，即使失去那些曾經拚命想抓住的事物，我們的生活也沒有失去意義。

　　只有當一切都分崩離析時，我們身處於失望所造成的痛苦深淵時，才會意識到即使跌入谷底，也能選擇站起來並重新出發。再次踏上旅程的我們，並沒有比之前的自己更好或更差，卻更真實並貼近自我的本質。

因此，唯一能夠真正拯救我們的方法，就是推翻曾為自己構築的所有偽裝、人設和美好的未來，放下為此付出的時間、精力和人際關係。因為之前為追求幸福而建造的這座「紙城堡」，已經變成束縛自我的牢籠。

當我們忘記自己的價值其實遠超過本身擁有、取得、成就的一切時，就會變成自己占有、渴望及追求事物的奴隸。

只有當生活帶來難以招架的意外，才能幫助我們逃脫這個巨大的騙局。

只有當「紙城堡」倒塌時，我們才有機會重新思考，什麼才是最重要的事，生活中什麼最真實、最值得保護，並且可以帶來救贖。

只有當確定性不復存在，我們失去一直拚命追求的目標時，才能看清自己到底是誰。

只有當我們找不到路標，發現生活突然變成一片荒漠時，才能感受到生活中最珍貴的事：人只要活著就值得被愛。我們首先應該學會愛自己，而不是只想著去愛我們所完成、創造及成就的事物。

正是在一無所有、脆弱疲憊且傷痕累累的情況下，我們才能
看到一直握在自己手上卻被忽略的珍寶：自由。

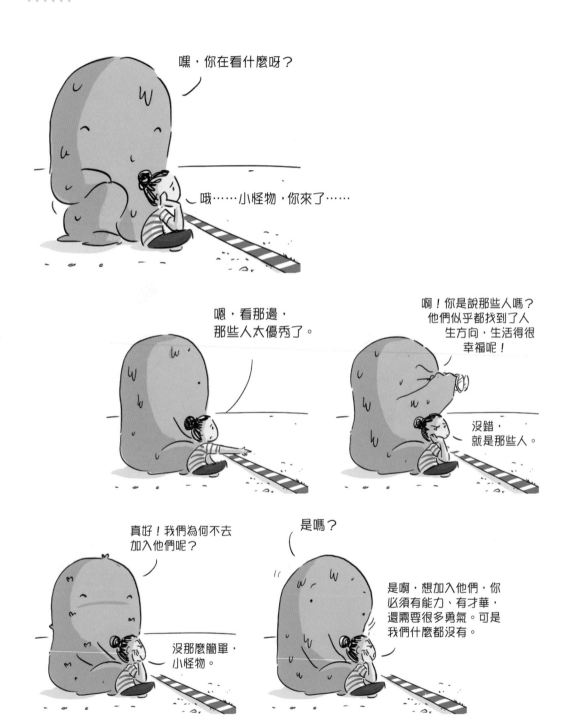

嗯……
你這麼說……

就是這樣啊，小怪物！否則為什麼這裡會有一道線呢？我們跟他們之間差距太大了，這不是很明顯嗎？

唉，如果我們也能生來就受上天眷顧就好了！好想成為那邊那種少數被命運選中的人！

但我們沒那麼幸運！既沒有超能力，也沒有那麼好的運氣和天賦，就只是普通人，只能老老實實待在這裡！

噗！

不要小看小怪物的能力。

07

性格弱點和內心的平靜

《義大利百科全書》（Treccani）對嫉妒的定義是：「一個人對別人的優點或高尚品格懷有不快的感受，希望自己也能擁有，而且往往會厭惡甚至憎恨已具備這優點或品格的人。」

　　嫉妒的感覺令人不快，這點想必沒有人會反對。沒有人想嫉妒其他人，就像沒有人想體會厭惡和憎恨一樣。不過，相對於其他負面情緒而言，嫉妒所伴隨的複雜感受，通常是因為我們看到別人得到自己想要的東西，或者實現我們期盼已久的願望時，從而產生的邏輯謬誤。

　　讓我們舉個例子加以說明。卡婭是攻讀心理學的學生，她的理想是成為出色、能夠著書立說的心理學專家。她有位名叫提奇奧的同學，這人性格很好但學業並不出色。不過提奇奧完成學業後，竟然很快就在業內建立起不俗的口碑，因為他很擅長與人來往，樂於與人談天說地，心理支持團體與課程也發展得有聲有色。由於性格非常開朗，提奇奧交遊廣闊，憑藉著勇氣和才智不斷拓展資源，抓住很多發展的機會。

反之，卡婭性格內向靦腆，不喜歡在公共場合演講，也不擅長組織心理支持團體活動，有時甚至顯得怪異、不合群，她並不享受成為焦點的感覺。

眼看提奇奧取得了成功，卡婭心想：「我該怎麼做才能像提奇奧一樣呢？我不喜歡公開演講，不擅長組織心理支持團體活動，不懂得推銷自己。我的性格內向，不知道怎麼同時和很多人聊天，與人交際也很拘束。我還是放棄吧！我永遠做不到那樣。」

卡婭的想法只有一點沒錯：她永遠不會變得和提奇奧一模一樣，因為她就是她，擁有自己的模樣。

現在，先把卡婭和提奇奧的故事放到一邊，我們再將場景切換到法國的泰澤（Taizé）小鎮中。我曾在一個炎熱的八月造訪過那裡。那次是為何而去呢？細細回想，應該是因為那段時間我急切想找尋內心的平靜，而最終也確實找到了。

泰澤團體是一個小型天主教普世修院組織，每年都會吸引數以千計的年輕人，從世界各地來到這裡。社團的創始人羅哲·舒茨（Roger Schutz）修士為人簡樸、沉著、謙和，致力於耕耘內心的平靜、傳播修行的方式。他看上去沉靜、肅穆，目光也傳遞著平靜。在他去世後，某次我聽到修會的弟兄談起他，才知道

羅哲修士其實很容易焦躁不安，我聽了之後大為震驚。也許正是因為內心的不安，促使他不斷探索如何保持內心的平靜。

現在我們再將主題拉回到提奇奧這裡，可以發現他和卡婭、羅哲修士的經歷存在著共同點。那是什麼呢？他們的經歷足以表明，我們認為的負面性格並不完全負面，甚至可以說，這才是決定我們應該做什麼，尤其是如何去做的關鍵。

我們內心自卑和嫉妒產生的緣由，就在於根深柢固的刻板思維：我們告訴自己，如果想要打破限制、克服困難，實現人生目標，就必須成為優秀、完美、聰明、才華橫溢甚至傑出偉大的人。就像卡婭若想成為提奇奧那樣的人，就要打破自身的局限。

但世上每個人的為人處世，創造人生價值的方式都是獨一無二的，而這種方式往往是基於我們自認的弱點發展而來。

沒錯，卡婭永遠也不會變成提奇奧，但是她不需要變得和他一樣，才能成為優秀的心理師。或許她會發現，自己善於自省，更能理解他人並給予安慰和支持。就像舒茨修士一樣，正因為自己內心的不安，才不斷探索如何保持平靜，最終在法國南部的小村莊創建社團，為千萬人帶來了平靜。

小怪物……你看見了嗎？那些是什麼？

嗯？

你說那些嗎？是機會。

機會？真的嗎？真是完全看不出來呀！為什麼看起來這麼隱密呢？

啊，可能是因為機會就喜歡這樣，從不輕易讓人發現。

小怪物，對你來說，
生活的意義是什麼呢？

生活的意義？

對，獨一無二！
走上人生的單行道！

情緒小怪物
和愛情

o8

小怪物和愛情

不久前我參加了鄉村節日慶典，逛了逛集市，發現其中有很多小攤掛滿彩燈，以及不少吸引孩童的遊戲。人們邊閒逛邊吃喝，買一些沒什麼用但很可愛的小東西。

我和朋友們決定晚餐吃漢堡，我排隊去買，他們就坐在附近的木桌邊等我。我在排隊時，目光被附近的大螢幕吸引，上面正在播放第一人稱視角的 4D 遊戲畫面。

那是一個實景模擬雲霄飛車的遊戲，遊客戴上 VR 眼鏡後，坐上模擬雲霄飛車運動軌跡的座椅，就可以體驗乘坐雲霄飛車的感覺。

我猜這遊戲應該有些刺激，因為雖然大部分體驗過的小孩子都笑得很開心，但我發現有個女孩被嚇哭了。她看上去七歲左右，被嚇得抱住椅子扶手不斷尖叫。遊戲一結束，她立刻從座椅上跳下來，尋求媽媽的擁抱和安慰。

那段時間我剛結束一段艱難的戀情，這段感情耗費我大量的心力，與對方來回拉扯，最終卻沒有得到圓滿的結局，而且光是告別就花了好幾個月。這段感情讓我如墜地獄，一個極為甜蜜又冷酷的情感地獄。哭叫的小女孩讓我產生了同理心，我想著：「沒錯，我也應該像那女孩一樣果斷！她肯定再也不會坐雲霄飛

車了，不會像我們成年人這樣，明知道某件事情、某個境地會帶來痛苦、恐懼、傷心甚至厭惡，還一次又一次忍受這種折磨。這是不是表示，孩童的生存本能更強呢？孩子不會因為那些不知重複多少遍的廢話，陷入自我拉扯、搖擺不定的情況，也沒有那種自我傷害、自我折磨的傾向……」

　　然而，就在我釐清自己的思緒之前，那個小女孩又坐上了實景雲霄飛車。同一個位置、同一個座椅、同一副眼鏡，她將再次開始一場刺激、令人無法抗拒的「地獄」之旅。

　　我當時非常認真在心裡自問：「人類這種生物還有希望嗎？」

　　愛情是什麼？是不是腎上腺素激發的混亂與不安，讓我們一下彷彿置身天堂，一下又如同身處地獄？是不是一輛雲霄飛車，載著我們和相同或不同的人攀上幸福的高峰，然後又衝向絕望的谷底？愛情到底是什麼？我們該如何描述，又該如何分辨眼前的究竟是不是愛情呢？

就個人而言，我一直不喜歡科學界對愛情的定義，人類的所有感情，似乎都被科學家簡化為大腦中的各類化學反應，例如愛情不過是多巴胺作用於人體的結果。相反，我認為應該是因為愛的刺激，大腦才分泌多巴胺。我相信愛情的產生不只如此，一定有其他原因。

　　我曾經讀過一個有趣的觀點：我們感受到的愛情，其實是安全感和不安全感混合交織的複雜情感。當我們遇到心儀的對象時，尤其在曖昧階段，一方面因為兩人之間的吸引力，讓我們在一定程度上感受到安全感；另一方面，我們內心充滿了各種不安，不斷問自己：「這段感情會有未來嗎？」「這個人能不能永遠專一、對我忠誠？」「這個人會永遠把我放在心上，一直最喜歡我嗎？」內心的不安全感和對方投來的熱切關注，讓我們感覺置身愛河。

　　或許這可以解釋，為什麼我們常會迷戀上「壞」男孩或「壞」女孩。他們也許已經擁有另一半，也許在感情中並不投入，或者某天接了一通電話後就消失無蹤，讓我們再也找不到人，這種不確定性讓愛情的火苗愈燃愈烈。反過來說，當我們進入一段穩定、持久的關係時，愛情的火苗卻往往漸漸熄滅。

　　社會學家齊格蒙・鮑曼（Zygmunt Bauman）曾提出「液態愛情」的概念。他認為在當前的社會文化環境下，人們的行動受到兩種對立的需求驅使：一方面，人們渴望與他人建立起緊密

的聯繫，從而獲得穩定的安全感；另一方面，人們又害怕失去自由，害怕失去權利追求新鮮、令人興奮的感情。

這種對立會造成什麼結果呢？

人們會發現，自己難以與他人建立真正的親密關係，難以分辨什麼是愛情，因此產生可悲的親密關係消費主義，即是把他人當做自己的「情感經銷商」。這是我一個朋友想出的詞語，清楚描述了那一類人的特點。

人們向他人尋找情感支援：「你能成為我的情感支柱嗎？可以！太好了，那麼我愛你！」

「為什麼你不能再給我相同的感情了，甚至還要向我索取？我恨你！」

「你知道更糟的是什麼嗎？我要找別人取代你！」

人們為了自由而選擇分手，但當自由轉化成孤獨時，他們再次渴望建立親密關係。在一段感情中，兩個人之間的角力和拉扯，就像我們對於乘坐雲霄飛車的態度，即使下車時斬釘截鐵告訴自己：「我再也不要坐了。」但是轉過頭來，又忍不住懷念和躍躍欲試。

要反思自己犯下的錯誤很困難，即使真的反思了，也很容易得出錯誤的結論。在愛情中，每個人的侷限性就隱藏在自己身後，因此旁觀者清，當局者迷。

　　鮑曼還談到了「選擇」，他認為愛情的產生和對象無關，我們能否擁有愛情，並不取決於是否有幸遇到合適的對象（與自己性情相投、磨合起來毫不費力的人）。愛情的萌芽需要對他人的關心，需要彼此呵護感情，需要我們付出必要的時間、精力，需要奉獻。只有這樣，我們才能得到有益、包容的親密關係。

我想再來一遍！
我要再來一遍！

鮑曼的觀點讓我著迷，但是存在一個問題：儘管一段感情萌芽時，雙方都懷著美好的期望，但是隨著時間推移，我們無力長久維持這段感情，於是很多人在中途就放棄了。

　　在這種情況下，我們有點像節日慶典上的小女孩，追求能讓生活變得豐富多彩、充滿樂趣、不再無聊的事物，例如愛情、悔恨等激烈的情感，甚至試圖追尋各種刺激和變化。

　　心理學家埃里希・佛洛姆（Erich Fromm）曾論證過：從孩童的愛（我愛，因為我被人愛）轉變為成熟的愛（我被人愛，因為我也愛他人）是必要的。

　　他認為，如果不想把愛情與單純的感覺、短暫的情感或神祕的化學反應混為一談，就絕對不能利用他人來逃避孤獨，或是躲開任何難以應對的情緒。如果兩個人在一起是為了滿足各自的某種需求，那麼他們之間的愛情注定會消失，這段親密關係也必定會走向破裂。當愛情成了逃避自我的藉口，我們注定會把內心無法滿足的需求、理想中自己存在的不足，全都投射到對方身上，而這將讓我們無法真正看清眼前的人，也無法真正去愛。一旦投射在對方身上的情感，因為抵抗不了現實的壓力而崩塌，這段感情最終留給我們的就只有失望。

因此，弗洛姆認為愛情和生活一樣，都是一門藝術：如果你想收穫真摯和深刻的愛情，首先必須學會愛別人，並且做好為此努力一生的準備。

當然，這裡又會出現一個新問題：我們真的有可能學會如何愛別人嗎？我們真的有可能變得成熟、完美，改掉所有缺點甚至怪癖嗎？我們能在沒有任何移情、不受任何自我投射影響、沒有任何前提條件、不受多巴胺左右的情況下，單純的去愛別人嗎？甚至從長遠來看，這會不會扼殺了愛情？

你如果問我，我的答案是「不會」。因為我們永遠無法為愛情做好萬全的準備，也永遠不可能成為某人的完美伴侶。

在追求美好、刻骨銘心的愛情之路上，我們總會發現自己還不夠優秀、不夠沉靜、不夠意志堅定，並且無法保證自己永遠不會犯錯。

那個被嚇哭卻還要再坐一次雲霄飛車的小女孩，一直存在於我們的內心深處，即使注定會受傷，我們仍會像她一樣選擇再次去冒險。

我們總是會一遍又一遍嘗試，即使曾發誓再也不要這樣。然後我們看向鏡中的自己，一臉失望的說：「還是老樣子。」

於是我們失去了希望，並再次試圖說服自己：一個人也很好，我不需要任何人帶給自己幸福，可以獨自安頓內心的孤獨。然後又忍不住和下一個人陷入不健康的親密關係，繼續感覺痛苦和受傷，卻嘴硬的說：「我才不在乎呢！沒什麼大不了，這次我只想玩一玩！」

　　我們高估了自己。

　　我們以為自己能做到毫不在意，卻還是被拖入痛苦的深淵，即使我們試圖在一段感情中表現得傲慢而冷漠，但一碰到問題，我們又會在失望面前崩潰。

　　我們嘗試原諒對方，但又做不到毫無芥蒂；我們發誓再也不會原諒對方，但是同樣無法做到。

　　我們還是會犯錯，還是會傷心痛哭，無法克服愛情破碎所帶來的痛苦。

　　我們以為自己看清了愛情的本質。但某天晚上躺在床上看著天花板，忽然又覺得自己根本不懂什麼是愛情。

　　愛情是未解之謎。

　　愛情不是一種感受，但能讓陷入其中的人體會到純潔與高尚。愛情不是一種情緒，卻比任何情緒更能牽動我們的心。

愛情不是承諾或約束，但如果沒有承諾和約束，它將不復存在。愛情不是奉獻，但它正體現在對伴侶的奉獻中。

　　愛情也不是選擇，但若不能做出正確的選擇，我們就會一再失去愛情。

　　關於愛情，我還能說很多，但都不能概括它的本質，我不知道該怎麼具體描述愛情到底是什麼。

　　我只好把這問題留給小怪物了……也許小怪物經歷了一次又一次的失敗之後，能告訴大家如何在廢墟中種植愛情的幼苗，然後悉心照料，讓它綻放出燦爛的花朵。

你在看什麼？

嗯，小怪物……
我在看路過我們
的愛情……

路過？

是啊……
路過的……

那你在看的並
不是愛情……

……因為愛情不會
路過某個人。

09

去愛吧，

去做你想做的事

十三歲時，我曾在一張明信片上看到過聖奧古斯丁（Saint Augustine of Hippo）的一句話：「去愛吧，去做你想做的事。」這句話實在太奇怪了。「什麼意思呀？」我問自己：「一個人難道不是要嘛去愛別人，要嘛做自己想做的事？」那時我以為這兩件事無法相容。

　　我記得有一次語文課上，老師要每個人以「愛」為主題發言，講述愛對於我們來說是什麼。我想到了和弟弟、哥哥之間的感情，體會到兩種形式的愛。我的弟弟當時還不到十一歲，我的愛體現在對他的陪伴中。當他還是嬰兒時，我幫他換尿布；等他長大一些，我教他騎自行車、溜直排輪；在他難過的時候給予安慰，在他需要的時候提供指引。對於比我大五歲的哥哥，我的愛意味著尊重。在他學習的時候，我不會播放音樂或帶朋友來家裡玩，不會隨便進他房間；在他想要獨處的時候，我不會去打擾他……雖然不是每次都能做到，但這兩種愛不僅僅是內心的感受，更體現在具體的小事中。愛他人就意味著，不能隨心所欲只做自己想做的事。

那張明信片一直貼在我房間的牆上。隨著逐漸長大，我很快又發現了一個關於愛的殘酷事實：愛會消失。這讓我感到焦慮不安。

　　最初我從朋友那裡聽過這種話：「我和他分手了，因為我們之間沒有感情了。」「我們分手了，他不愛我了。」為什麼會這樣？不再愛了？沒有感覺了？這代表什麼呢？為什麼不是「王子和公主從此過著幸福快樂的日子」？學校洗手間牆上寫著的「我永遠愛你」難道是假話嗎？我們如何知道伴侶說的「我愛你」是不是真心的呢？

　　這些自相矛盾的諾言，對我的愛情觀造成很大衝擊，以至於在少女時期沒有談過甜蜜的戀愛。友誼對我來說更可靠，而且比愛情更長久。即使有一天友誼破裂了，也是因為出了嚴重的問題，例如兩人大吵一架，或是有人搬家了。總之，一定比「我不愛你了」這種虛無縹緲的理由合理許多。

　　不僅如此，友誼給予更多的自由，讓我們可以去做想做的事。如果兩個人的友誼成了束縛，那就沒必要做朋友，不是嗎？在一段友誼中，每個人都是自由的。我出於對朋友的喜愛和關懷，不會去做損害他的事，但這不是對自我的限制。在友誼中我能理解這邏輯，但對愛情來說卻不同。因此有一段時期，我一直

專心致志廣交朋友，完全沒有試圖發展戀情，因為我實在不了解愛要怎麼維繫。

後來我也談了戀愛，曾陷入充滿感傷、混亂的情感旋渦。在經歷失望、幻想、自欺欺人、思緒混亂和內心困惑後，我逐漸明白一些道理：已結束的感情被我錯當成愛情，但那不是真正的愛情。隨著時間流逝，兩人之間的激情褪去，想要和對方在一起的念頭消失、爭吵變多，而對彼此的渴望和占有欲也不再那麼強烈。欲望和激情會消失，但愛情——真正的愛情——不會消失。也許它改變了形式，但會一直存在和延續下去。

愛有成千上萬種形式，但永遠不會消耗殆盡。只是，我們常把情感的依賴誤認為愛情，只停留於追求淺層的滿足感。

因此我一直堅信：「愛，絕不會消失！」

我仍不能理解聖奧古斯丁的名言，雖然那張明信片已不再貼在房間的牆上了，但依然烙印於我腦海。我在心底還是希望自己能變得更成熟，去體驗這種偉大的愛，這種為他人付出和堅持自我並不衝突的愛。

但有時候我也覺得，或許並不是我對愛的認識層次需要提高，而是我對自由的認識還不夠深刻。誰知道呢？會不會只有當我們想做的事和愛本身一致時，才是真正的愛呢？

小怪物，你覺得，愛情……真的存在嗎？

嗯，為什麼問我這麼難回答的問題啊？

我也不知道……我不知道愛情是不是真的存在，也不知道現在該怎麼做。是要就這樣無聊的等待著，還是該做些什麼？

好吧……

你覺得明天太陽會升起嗎？

這個嘛……
應該會吧，但我
也不能百分之百
確定……

那麼，既然你不能
百分之百確定，我
們要做些什麼嗎？

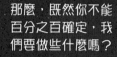

嗯……我不知
道……也許我們可
以先好好欣賞眼前
的星空！

真美呢！

沒錯！

小怪物，過去我因為孤獨，曾經犯了一些錯誤……

就是……因為有時我感覺孤獨，想要有人陪在我身邊……

而且不能是「隨便某個人」，必須是對我來說真正有吸引力的人……

總之，當我遇到讓自己心動的「X」先生時，我會為他披上一件披風，他會成為我的白馬王子。你明白嗎？

但我確定，這並不是結局，我們之間還會有更多故事。而且，即使他把披風脫下，我也不會放棄！我會一次又一次為他披上披風……我一定會這樣做！

但是，我已經了解童話是騙人的，現在我也知道，能讓我心動的特質是什麼。我會好好照顧自己，等待不需要我為他披上披風的人！

小盒子
. . . . . .

這是什麼？

一個小盒子。

盒子裡有什麼？

嗯……
我正在煩惱，
裡面裝著一段
回憶。

哦……為什麼煩惱呢？

因為我要把這個
盒子清空，但是
我做不到……

你看，即使我想清空
盒子，這段回憶也不
肯出來。它黏在裡面
了。簡直太糟了！

這是怎麼
回事？

小怪物，我要為未來騰
出空間，所以不能一直
留著這段回憶……
我現在也不知
道如何是好！

嗯……
能讓我看看嗎？

當然可以，
給你。

你有什麼辦法嗎？但是
不要弄壞小盒子哦！
我還想用它裝之
後會遇到的好
東西呢……

小怪物，你在幹什麼？你
怎麼把盒子丟掉了？

不用擔心，你的未來不會再進
到那個盒子裡，因為它太小了，
而且到時盒子早就過時了。

刺

你並不愚蠢，只是那裡的香氣太迷人了……

對，那香氣真的很迷人……

我知道。因為你被那種香氣吸引，所以才會一直冒著受傷的風險回去……

沒錯……可是我該怎麼辦？

好吧，你只需要學會一件事……

什麼事？

學會分辨花朵和刺。你必須知道，只有花朵才會散發香氣，而刺不會。

「錯誤」的愛

嘎吱……

吱

咔
咔

你在幹嘛？

啊，小怪物！我想
要讓這該死的愛消
失，但無論如何都
做不到！我想把它
打碎，但怎麼也打
不碎！

啊？
為什麼？

你看，這「愛」太黑暗
了！這是不正常的！它從
我的孤獨和幻想中誕生，
伴隨錯誤的占有欲和依賴
感！你看，這就是錯的！
我必須擺脫它！

但是你知道嗎？這真的很難。因為就算我明白這「愛」是錯誤，會讓我誤入歧途並受到傷害，也完全不是我追求的那種愛，但它也是愛，是我的……

你用錯方法了，即使是你認為的「錯誤的愛」，它也不能被打碎。

是嗎？那我要怎麼做呢？

讓它變大！

這樣，讓它吸收氧氣，它就會被淨化了……

然後就能飛走了……

10

小樹傑克和仍在　原地的那棵大樹

小時候，我家附近有一片茂密的樹林，我和同伴最喜歡的一個活動，就是去那裡爬樹。

樹林中有一棵無花果樹，它很小，還不能攀爬，我們將它取名為「傑克」。我們之所以想為它取名，是因為樹幹上有一塊心形的疤痕，這暗示著小樹通「人性」。因為這棵樹還太小了，我們決定好好照顧它，所有經常帶小餅乾給它吃。前一天我們帶了小餅乾過去，第二天就會消失不見，因此我們更加確定小樹通「人性」了。

我很喜愛傑克，常常去看它，並認定它是我的朋友。

直到有一天，我發現傑克生長的地方只剩下一個土坑。有人把這棵小樹挖走了。

我感到很震驚，接連好幾天都會過去看看，希望傑克能再次出現，但我再也沒有見過它了，這讓我非常傷心。

在離傑克所在位置不遠的地方，有一棵高大的無花果樹，我和同伴們很喜歡在這棵樹上爬上爬下，比賽誰爬得更快。

一天下午，當我站在傑克留下的土坑前，沉浸於回憶之際，突然聽到大無花果樹那邊傳來比平時更響亮的吵鬧聲。我相當好奇，心想也許同伴們正在比賽爬樹？我很想知道他們在幹嘛，但

如果我拋下傑克（雖然原地只有一個坑），我會感到很愧疚。最後，我的好奇心還是戰勝了歉疚（幸好如此），於是我離開傑克的土坑，加入同伴們的遊戲了。

隨著時間推移，我發現這種類似「傑克」的經歷，不斷在我生活中出現，而且每次都讓我難以釋懷。我總是害怕遺忘，害怕一旦停止回憶，或是放下單方面堅持的約定，就意味著我真正、永遠失去那件事或那個人。

但事實上，即使我一直站在傑克留下的土坑前不離開，不斷回想曾經帶給它的餅乾、它的「心臟」、嫩綠的葉子，仍沒辦法將它帶回來。沒有人擁有這種神奇的能力。

後來我了解到，停止回憶並不意味著忘記，反而是記念我們經歷過、愛過的最合理方式。當時站在土坑前的我，如果充耳不聞同伴們的歡笑聲，不肯加入他們的爬樹遊戲，那麼就無法邁出步伐往前走。

因為生活總還是要繼續，就像保羅・科爾賀（Paulo Coelho）所說的：「當你無法回頭時，就只需要在意最佳的前進方式是什麼。」

地毯

小怪物，不行，等一下！別掀開！求你了！

為什麼要把它藏起來？因為我不想要它了，它讓我很難受…

總之，我也不是真的想丟掉它，但是我需要一些改變……

好吧，拿去！你要學會善待它，這樣它才會為你改變。

冰沙
. . . .

抱歉，但是你知道嗎？一般來說如果你關不上某扇門，是因為有東西擋住它！

好吧。

我覺得有點奇怪。嗯，讓我看看……

你看！和我想的一樣，還有很多「心的碎片」掉在門那邊了。如果你想關上這扇門，最好先清理門那邊的碎片。

啊！啊！我知道了！

11

那扇門後有什麼？

放棄某件事、結束一段關係並非輕而易舉就能做到,從來都不是。做出決定只是開始,我們可能會耗費一段很長的時間,才能真正擺脫隱藏在困境後的殘餘情緒。

　　我們確實需要一些時間來完成散場後的清理,清理那些將我們和那段關係、那個人、那種境況綁在一起的東西。有些人需要很長的時間來整理情緒,有些人則可以在短時間內整理好情緒。生而為人,本就艱難。

　　把我們和過去綁在一起的,不只是令人難以割捨的正面、積極情緒,實際上負面、消極情緒也會發揮黏著劑的作用。仇恨、怨懟、憤怒,這些都會阻礙我們前進,讓我們即使意識到問題,仍感到忿忿不平,難以丟棄過去的包袱。

　　我們努力關上了一扇通往過去的門,卻發現它總會自己重新打開,這並不是因為我們軟弱、脆弱或愚蠢,更多時候是因為我們忘記了,自己和過去的某事、某人、某段感情、某個困境之間還存在著連結,畢竟我們曾經為此付出了時間、精力和等待,而那寄託了我們的夢想和志向。

但不管怎樣，我們必須鼓起勇氣打開門，看看門後有些什麼。是已經放棄的夢想嗎？是放不下的強烈怨恨嗎？是不切實際的希望嗎？還是我們以為早已從自己身上消失，卻只是悄悄隱藏起來的溫柔呢？

　　那些事物雖然不見，但並未完全消失，唯有重新找到它們，我們才能真正原諒和接受過去，放下已無法改變的遺憾，關上應該關閉的門。

回想過去，我知道
他曾經愛過我……

他曾經愛我，卻害怕維
繫這段親密關係……

但是這種心靈之間
的連結，我們曾感
受過、擁有過……

不過，小怪物，我明白，
如果一個人習慣了孤
獨，那麼想要找個
伴並不容易……

總之，愛一個
人好難。我
現在算是看清
了……

等等，你的眼睛裡
有個東西。

嗯？小怪物，
你要做什麼？

來了！
我把它帶來了！

嗯？

不好意思，小怪物，但這是誰啊？

這就是真愛本身啊！你沒認出來嗎？我把它帶來了，這樣你就可以問「那個問題」了！

啊，你覺得我可以問那個問題嗎？（好吧，先讓我坐下來……

當然可以！還有誰能比它更適合回答呢？

好吧，總之，「真愛先生」，我想問你的是……嗯，這個……

啊！不好意思！我有點尷尬！我們不太熟，我怕這問題會讓你覺得很奇怪！

別擔心！它可是位紳士，很樂意知道你有什麼煩惱！

好。

你在做什麼？

嘿，我聽說這罐子封存了給我的愛……

但是我打不開它！

你有看到嗎？我各種方法都試過了，但就是打不開這罐子！

好，但是……

你看，罐子上畫了一個小小的愛心呢！希望這次是真的……

不過，每次的結果都一樣，我永遠都留不住愛……

嗯，抱歉啦！

但是我確信……

你應該停止……

一直翻找……

錯誤的地方。

小怪物，這本書確實很難理解，裡面充滿神祕的謎題！真的非常、非常複雜！

嗯……

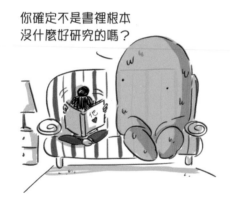

你確定不是書裡根本沒什麼好研究的嗎？

你說什麼？

好吧，或許……你努力尋找的資訊並不存在……

不可能，這裡一定有無數未解之謎等我破解。

你有沒有試著解開這些謎題？把這些點連起來看看？

好吧，給我一枝筆。

給你。

他不……

他不夠喜歡你。

所以呢？你看出什麼了嗎？

小怪物，沒什麼。沒什麼重要的。

你坐在這幹嘛？

小怪物，我在等待愛情，但它一直不來……

我一直在這裡等，等了好久，但愛情沒有任何要來的跡象……

我真希望能等到它，真的……

唉……

好吧，但情況很明顯，你等不到！

很明顯，為什麼？

因為，愛情並不是等到的……

12

愛情等不到，但可以遇到

我們認為必須耐心等待愛情到來，填滿我們生命的空缺，就好像完成一幅拼圖，將被一分為二的蘋果復原，又好像遞給我們一根不可或缺的柺杖。在熙熙攘攘的人群中，必定有個人是按照我們的理想打造，只要他來到身邊，就能讓人生變得圓滿……因此我們等待著。

　　等待本身並沒有錯，但我們往往將等待當做不認真生活的藉口。與此同時，我們獲取幸福的能力逐漸變弱，但我們卻放任不管，直到它消失殆盡，就因為身邊沒有陪伴我們、為我們帶來幸福的人。

　　不願踏上期待已久的旅行，因為一個人旅行太難。

　　不去電影院看新上映的影片，因為獨自看電影很無聊。週日上午無人陪伴，所以不願去市中心逛一逛。

　　如果繼續這樣下去，會發生什麼事呢？

　　每個假期都一樣，披著同樣的毯子，倚著同一張沙發，躺在家裡看電影，或者整個週末都在玩手機，不過內心暗自期待有人（即使是對我們來說根本不重要的人）邀請自己出去喝杯咖啡。

在這種單調的生活中，我們忘記一件很重要的事：「愛並不是幸福的原因，而是幸福的結果。」

愛不應只被視為生活汙水池的淨化劑，更該是我們內心的自我實現，引導我們學會欣賞自己的生活，從點滴做起，讓生活更美好。

好，就讓我們從今天開始行動，好好過生活吧！

小怪物——

嗯？

你聽我說，我正在考慮一件事……

什麼事？

你會不會覺得，或許我應該降低自己的期望呢？

期望？

沒錯，我的期望！畢竟只要仔細想一想，就會發現也許它確實太高了，根本無法實現。如果我總認為身邊的事物太奇怪、空虛，甚至是膚淺，很有可能是自己出了問題。

我也知道人們常說，在某些時候、某些事情上，你要學會降低標準，別太驕傲了，以免把已擁有的也弄丟了。

但是即使降低標準，我內心也會感到不滿意，我不想要毫無價值的「麵包屑」……

但是我也不知道，自己會不會因此付出更高的代價：變得孤獨。有沒有可能……也許我永遠找不到能和我分享「麵包」而非「麵包屑」的人？

你覺得呢，小怪物？也許我想要的「麵包」並不存在，我應該學著對「麵包屑」感到滿足嗎？

不應該。

小怪物，我還是不明白，為什麼最後他還是不想和我在一起……

到底為什麼？我覺得自己也沒那麼糟，不是嗎？

晃動

我已經向他證明了，我有多在乎這段關係！我為他付出這麼多，關心他、照顧他、愛他……

但是他做了什麼？他做了什麼？！他不在乎我！這就是他做的一切！他對我說抱歉，因為他沒感受到「愛情的火花」！

噠！

晃動

所謂的「火花」是什麼？他到底在說什麼？

我能感覺到，這根本不是真正的原因！小怪物，你看，我之所以能告訴你這些，是因為我們互相信任。在我看來，他就是在害怕。

噠！

晃動

這樣說吧，他怎麼可能不喜歡我呢？我可不是在自誇，但是……總之……在我看來，這些都是他掩飾自己是膽小鬼的藉口。

總之，小怪物，我不是完全沒吸引力、無趣還不討喜的人吧？他一定是在撒謊，對不對？

呃，小怪物，你在那邊做什麼？

哦，沒什麼，只是在為你的驕傲挪出一點空間。

喂！回來！回到你
原來的位置！

聽到了嗎？
給我回來！

嗚……
回來啦……
求你了……
我喜歡你。

啜泣
抽泣
嘆氣

我知道你很難過，但
是幻想一旦破滅，就
不會再復原了……

啜泣

13

幻想和自欺欺人：
愛究竟在哪裡？

當我們相遇時，我眼中的你風度翩翩、溫文儒雅，感覺如此迷人。你眼中的我亦是如此。我們互相了解、欣賞，於是陷入了熱戀。僅僅過了兩週，我們就堅信自己找到渴望已久的靈魂伴侶，兩人一起描繪未來，想像永遠在一起的快樂。

可是在某個晚上，我突然打了一個噴嚏，而你因為我打噴嚏時扭曲的表情感到不適。那一刻，你發現我不像燭光晚餐時那麼美麗。就在你拚命想把我扭曲的表情從腦海裡刪除時，我發現你在認真思考時，兩道眉毛竟然高低不一致，你的左眉挑起而右眉下垂，看起來相當呆傻，與我心中高大、光輝、智慧的形象大相徑庭。

第一次危機來臨。在這一瞬間，我們都感覺心煩意亂。對視的那一秒，我們的心都快要跳出來了，緊張到屏住呼吸，「別這樣，拜託，請你不要也讓我失望。」幸好我很快就不再打噴嚏，我的臉龐重新變回你喜歡的模樣，而你歪斜的眉毛也恢復原狀。

現在一切恢復正常，很好，只有那一瞬間出了問題。

我們又能保持微笑，欣賞眼前如命運禮物一般美麗的人。我們望著彼此，重新構想美好的未來。

不久後，我們開始同居。某天早上，我們發生了爭吵，你忽然發現，除了打噴嚏時扭曲的表情外，還無法忍受我生氣時的尖叫。這是最致命的一點，同樣的聲調、相同的音量，我的尖叫聲讓你陷入目睹父母吵架時的惡夢。我的尖叫聲像鼓聲一般，震盪著你的耳膜，此時我們無法再共處一室。

而對我來說，不僅難以忍受你思考時歪斜的眉毛，更受不了你用厭惡的眼神看著我。每當我試圖解釋對事物的看法時，你總是選擇起身離去，而不是留下傾聽我的想法，而我為此陷入沮喪時，你就會這樣看著我。有鑑於此，我了解你心裡如何看待我，而你也看到了你在我心裡的模樣。

　　親愛的，我們回不到從前了，並且對彼此愈來愈失望。

　　好吧，故事看到這裡，你也許會想：「好可惜，為何事情總是會變成這樣？」但真相是，在一段關係中，失望其實是人們能感受到最健康、最有幫助的情緒。

　　相愛時，我們向對方投射了許多美麗的幻想，但是你要知道，那些都不是真的，只是我們內心的渴望、期待和需求。我們在腦海中基於幻想所勾勒出的那個理想伴侶，和我們身邊真實的伴侶根本不符，或者只有一部分相似。但即使接收到現實傳來的信號，我們的大腦也會選擇忽略、刪除或曲解這些信號，從而讓我們腦海中的幻想小劇場，可以繼續演出美好但不切實際的愛情劇碼。

也許有那麼一段時間，我們會需要這些美麗的幻想。每個人都喜歡完美的感情，但是幻想最終必須屈服於現實，因為它注定會破滅。

　　對我們來說，失望是很重要的一件事。

　　為什麼？因為我們需要看見對方不完美的一面，需要聽到對方生氣時刺耳的尖叫聲，需要了解自己能否接受對方的缺點。因為當生活的風暴來臨、當我們感到疲憊、當激情退去時，一段感情能否持久，取決於我們有多了解眼前的這個人，以及我們對他身上令人不安和那些感到不快的缺點，能夠接受到什麼程度。

　　所以讓我們為「失望」歡呼吧！「失望萬歲」！我們終於能面對現實，讓所有自欺欺人和幻想都破滅！值得慶幸的是，從此一切都與以往不同，我們擁有了選擇的自由，才能真正去愛和被愛，才能做回真實的自己。

　　讓我們一起面對愛情真實的一面吧！

小怪物，你看，我這顆可憐
的心快要全碎了……

我現在應該怎麼辦？

嗯，也許你需要的只是等待，
直到發現……

每一顆破碎的心裡面……

哦！

還藏著一顆嶄新的心。

蝙蝠

你在幹嘛？

傳訊息給他呀！

但是，你不是說
他都不回覆嗎？

那不重要！
我就是要發！

而且他不是說，不想再
收到這種訊息了嗎？

沒關係！我知道他
愛我，他會改變想
法的！

但他甚至沒有主動跟你聯繫
過，他根本不在乎你！他還和
別人約會了！

沒關係！就讓我先
跨出第一步！

可是你已經做很多了……

還不夠！

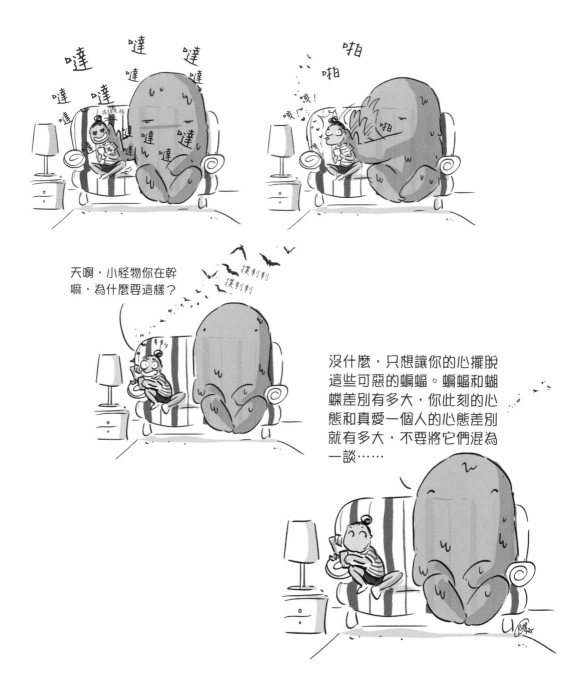

14

會為我們帶來什麼？

愛情降臨時，

愛情的到來令人愉悅，能夠立刻改變我們的生活，讓生活變得更陽光、更美好、更充實。

　　沒錯，這就是愛情的力量，不過它不全是以令人歡欣鼓舞的方式到來。愉悅與否，取決於我們所處的位置和迎接的方式，或者說取決於愛情何時到來。

　　讓我們想像以下這個場景：你獨自待在一個有各種物品的房間，其中有很多無用的雜物，甚至還有危險物品。這房間已經很久沒有清理，因為你總是十分忙碌，無暇處理。

　　各式各樣的東西雜亂堆在昏暗的房間裡，你走動時總會被絆倒、摔傷。但是你已經習慣了，這就是你的生活，這房間就是你內心的世界。

　　某天，突然來了一個人，他「啪」的一聲打開你心房的燈。天啊，他全都看到了！各種無用的雜物，還有成堆總是絆倒你的垃圾，以及所有骯髒、汙穢、羞恥……。

　　心房裡的一切都被看得精光，不過這次你不是唯一的目擊者。你的反應會是如何？出於自我保護的本能，你或許會想關掉燈，不看這個房間，也不讓別人看到它，你甚至會厭惡開燈的人：「誰允許他這樣做的？他為什麼不直接走開？」

你大吼：「別打擾我！」其實，你想說的是：「讓我回到黑暗獨自待著吧！」

現在讓我們切換一下場景。想像一下，如果你知道如何打開心房的燈，而且每隔一段時間都會打開燈，查看房間裡的狀況。隨著時間流逝，你逐漸學會打掃房間、整理物品、清掃物品表面的灰塵。總之，你很清楚這房間的「問題」是什麼、物品在哪裡，即使是不知該如何歸類、整理的物品，也都知道它的位置在哪裡。你清楚哪些角落還不太乾淨，而哪些角落即使經常打掃也容易變髒。靠著明亮的燈光，你可以充分了解房間裡的一切。

這時，即使有人突然打開房間的燈，你也不至於因震驚而手足無措。

就算對方在造訪你的心房後，因為彼此願景不同而決定離開，雖然這可能會讓你感到傷心、失落，但也不至於失去活下去的勇氣。

這就是愛情到來時會發生的事，它會為我們打開內心的燈。如果我們習慣在燈光下看清自己內心的房間，那麼新的來訪者並不會打破我們內心的平衡，或許還能幫助我們清理那些平時無法清理到的陰暗角落。

但如果我們習慣身處黑暗，即使因為內心的混亂而受傷，也假裝什麼事都沒有發生，一切都不存在，那麼愛的到來反倒會讓我們焦躁不安，因為愛讓我們感到脆弱，好像全部都被看穿了。

　　總之，接下來有兩個選擇：要麼關燈逃跑，繼續之前的生活；要麼抓住機會看清房間，整理所有的物品、丟掉無用的垃圾，透過清理恢復房間的秩序。選擇後者的意義在於，不管這次造訪的結果如何，我們至少為下一次做了努力。

　　我們為生活中美麗、全新、明亮的事物挪出空間，為愛挪出空間。愛的到來是命運贈禮，它總是毫無預兆到來，打開我們內心房間的燈。

情緒小怪物
和情感困境

15

小怪物和棘手的情緒

我一直是非常情緒化的人。我的情感總是很強烈,從孩提開始就是這樣。當它們被釋放出來時,就好像強大的煙火爆發出來,經常使我做出後悔或不得不承擔後果的反應。

　　我仍記得,大約是在五歲時的某一天,我和十歲的哥哥一起玩耍,兩人各自玩著自己的玩具。我們兄妹的關係很典型:充滿對彼此的厭煩、爭吵,夾雜著關愛,偶爾也會發生毫無來由的「暴力行為」。

　　我記得那天也是「暴力的一天」。

　　我在客廳的沙發上玩洋娃娃,哥哥無聊的在旁邊待著。他懶洋洋走了過來,拿起我的一個洋娃娃,然後隨便擺弄著。我不記得他做了什麼,但當時我很生氣。也許是因為我反應太大刺激到他,我們之間發生跟之前一樣的「捍衛尊嚴之戰」,他更加起勁,開始抓著洋娃娃的頭髮胡亂甩動。

　　我想救回自己的洋娃娃,但是他比我高很多,很輕鬆就制服了我。更讓我無法忍受的是,他竟然在笑,這真的讓我很生氣!在那種情況下,也只有十歲的小男孩才笑得出來。我當時既沮喪又生氣,而他的笑成為壓倒駱駝的最後一根稻草。氣急敗壞的我狠狠咬了他的胳膊,而他因此大聲尖叫。

我也開始哭起來，並且被自己的行為嚇到了，心想：「我是不是太過分了？」

　　父母聞聲而來。我以為他們會公平處理我們的矛盾，但結果並非如此。他們只是把哥哥抱到懷裡，帶他去洗手間，用水冷敷他受傷的胳膊。

　　我哭著跟在他們身後，試圖找回屬於自己的正義。畢竟我是正當防衛，是對漫長挑釁的回應。然而，正義並沒有到來。

他們轉向我責問我：「你怎麼能傷害哥哥呢？」我的情緒立刻爆發。

面對這種情況，我既內疚又不能理解。在我看來，咬傷哥哥並不是我的錯，那是他自找的！當時我自己玩得好好的，他非要跑到我身邊，而且明明是他先「欺負」可憐的娃娃，還把其中一個娃娃「傷」得很重，這才惹惱了我，我必須反擊。而且最重要的是，他是故意利用我的娃娃對付我，就是為了讓我生氣！（雖說我們之間的遊戲經常如此，我也有惹他生氣的獨門小技巧。）

因為不能理解父母的偏袒，我的情緒崩潰了，所以就在他們忙著安慰哭泣的哥哥時，我離家出走了。

不過，對於只有五歲的我來說，「離家出走」僅僅代表沿著房子前的小路行走，在房屋周圍繞一圈，然後走到停車場。我父母嚇壞了，過了好一陣子，父親和哥哥才找到我。最後，因為離家出走，我又被嚴厲斥責了一頓。

那簡直是災難的一天，直到現在回想起來，我也感覺那像是一場悲劇。那是我人生中第一次情緒失控，接二連三的犯錯，以至於最後挨了這輩子唯一一個來自父親的耳光。這就是我一直以來對自我情緒的感知：活躍在我心中像岩漿一樣炙熱、翻騰的物

體，它擁有自己的意識，並且不受控制。它在某個時刻會突然爆發，讓我的內心世界崩潰。

　　長期以來，我把不受控制的情緒視為自身的缺點和問題，我本不該有這種想法，更重要的是，我不應該深陷其中（或許這是因為，當年的小女孩在面對人生第一起「悲劇」事件時，就是這樣的想法）。

這種想法導致我在很長一段時間裡，每當感受到一陣強烈的情緒時，都無法理解它究竟是什麼，分辨不出那是憤怒、恐懼、困惑、悲傷，還是痛苦。我不知道如何區分這些情緒。然而，生活中各種情緒的不同之處，本該成為我們前進路上的訊號燈。

　　不僅如此，我甚至無法理解為何自己會產生某種情緒。我常忽視外在事件和內心感受之間的關連，在事件結束後好數天，我才會產生相關的情緒。如果要描述我內心的情感世界，可以說它是一片破碎、荒誕、混亂而貧瘠的蠻荒之地。

　　想要在這種狀態下好好過生活，顯然是一項艱鉅的挑戰。事實上，我的確過得不太好。

　　長久以來，有個問題一直困擾著我：「情緒到底是什麼？」

　　人為什麼要有各種情緒？情緒存在於內心何處？我為何會感受到這些情緒？我應該怎麼面對它們？我要怎麼辦？

　　學習心理學能有效幫助我找到問題的答案。另外，我也從其他角度持續探索，嘗試借助不同學科的智慧，解讀並學習如何利用情緒。

　　情緒可以成為內心的導航：當我們走錯路，或是在人生高速公路上遇到事故而減速時，當我們本身、我們的目標、我們的規

畫發生巨變時，各種情緒會向我們發出提醒。

　　情緒會提醒我們，目前是出錯還是一切順利，揭示自己到底喜歡不喜歡外界和內心發生的各種事。

　　然而，即使有導航，人生的地圖也會不斷變化。我們不可能精準知道哪些經歷、哪些事件、哪些選擇能引領我們抵達目的地，也不可能知道哪個方向可以通往幸福。情緒導航需要不斷更新，也就是說，我們需要維護和管理它。

　　在認知、管理和維護自我情緒導航的過程中，從某個時刻開始，小怪物為我提供了極大的幫助。當情緒向我發出提醒時，當我被複雜的情緒壓倒時，我透過在內心與小怪物對話，明白自己當下體驗到的情緒是什麼，為何會產生這樣的情緒，以及其中潛藏了什麼資訊。

　　漫畫片段是我和小怪物對話的一部分，證明了沒有任何情緒本身是負面的。也許情緒很難區分、辨別和理解，但如果我們學會傾聽，就會發現其中蘊藏寶貴的啟示，讓我們能更順利的走在人生路上，與所生活的世界和諧相處，尊重自己的天性、侷限性和意願，包括我們內心的「小怪物」。

被壓垮的人

嗨！你在看什麼？

一個美好但讓人害怕的東西⋯⋯

啊⋯⋯你為什麼要盯著這種東西看？

我想知道，這東西到底是恐怖多一點，還是美麗多一點⋯⋯

你能弄清楚嗎？

不能。

那你能改變它嗎？

也不能。

既然這樣，我們還是別盯著它看了吧。

我的人生一片漆黑……

我陷入了令人恐懼的黑暗中……

我已經分不清自己是誰、在做什麼、為何這樣做……

我的人生失去了光芒……看不到一絲光明。

也不知道我還能在這黑暗中堅持多久……

請問……這裡是哪裡？

小怪物，這是我的記憶世界。今晚我夢到一個人，我正在回憶……

那個人是誰啊？

一個你不認識的人。我遇到她的時候，你還不是現在這樣子。那已經是很久以前的事了……

哦。

現在她在哪裡呢？

唉，小怪物，我不知道啊……你明白這種感覺嗎？一個在你人生某個階段中，曾與你最親密的人，你的閨蜜……但後來發生一些糟糕的事，她和你的友誼消失了，而你也漸漸把這個人忘了……

嗯……但是……你夢到她了……這是為什麼呢？

也許我只是把關於她的回憶藏起來。我從來都沒有忘記她。也許我應該原諒她……

但是你知道嗎？我覺得現在再想這件事也沒什麼用，事情已經過去很多年了，我不知道她現在在哪裡，她應該也不知道關於我的任何消息。現在原諒她有什麼用呢？我們回不到從前了。

嗯。

或許你們的關係並不需要回到從前，而是需要……

需要什麼？

保持初心。

小怪物，我遇到一個麻煩。我身上長出一個怪東西，不知道該怎麼處理才好！

你看，它在做什麼？這東西一直將我朝著奇怪的方向推！它竟然有自我意識！

而且如果我嘗試去控制它，情況甚至會變得更糟！這到底是什麼東西啊？

嗯……我也不確定這是什麼……
但是，我怎麼感覺它很親切……

你覺得它很親切嗎，小怪物？這是什麼意思？我可不認為這東西看起來和你有什麼關係！

好吧，但是之前我的模樣也不好看啊……

之前？
你是說在什麼之前？

在你接受我之前。

16

以及如何不沉溺於其中懷舊的二元性，

懷舊可能是一個巨大、甜美、溫柔卻苦澀的陷阱，很可能會蒙蔽我們，讓人沉溺在過去的回憶中，沉浸於已經發生的那些事，從而失去為更好的未來而努力的行動力。

但與此同時，懷舊也讓我們重溫內心最深的渴望。在我們內心深處，有個細微的聲音訴說著：「你看到了嗎？這是你仍然想要體驗的感覺，這是你想要守護的感覺，現在你應該想方設法把它找回來。」

若我們想要學會利用懷舊，使它成為對生活有益的導師，而不會被綁架並陷入回憶的陷阱，關鍵在於「自己」。一切取決於我們是否夠敏銳，是否能適度懷舊，以及是否有正確應對懷舊的態度和方式。

這是什麼意思？讓我們一步一步來看，一起為懷舊做一個小鑑定，從而更了解它所隱藏的內容，像是為何它如此吸引人，但同時又這麼令人不安。

懷舊是一種情感的混合體，其中夾雜著悲傷和喜悅。過去生活中某些美好事物又浮現在眼前，它們曾經存在於我們的生活中，而今卻已不見蹤影，曾經擁有的快樂與如今失去的痛苦交織在一起，每當此時，我們就會被一陣陣湧上心頭的懷舊感給抓個

正著。

　　其實懷舊也有積極的一面，因此可以學習接受它，使它對我們的生活造成積極的影響。我們不應該一味逃避懷舊，或者說「逃避當下」。

　　舉例來說，當我剛到國外工作時，對一切都感到很陌生，覺得很孤獨，就像是一個局外人。我的新同事們彼此熟識、關係融洽，他們一起吃午餐，如同親密的朋友，而我甚至還無法適應這座新城市鉛灰色的天空。

　　這種情況很容易讓人陷入過分的懷舊中，離開家鄉的痛苦也會更深刻。我不斷想起我的故鄉、家人和朋友，最終選擇封閉自己。我會去某個沒人認識我的酒吧吃午餐，這樣就可以不受打擾，有許多時間和媽媽視訊通話，重新找回自己十分想念的家庭溫情。

　　但是面對這種情況，其實我還有另一種選擇。

　　儘管這可能很困難，但我可以從懷舊中跨出來，而不是僅僅對自己說：「唉，我在這裡太孤獨了，我好想家！」這種思念和失落告訴我：「我渴望家的感覺。」那麼，我可以學著在異國他鄉建立一個「家」。

這會帶來什麼變化呢？當我看到新同事們一起吃午飯時，心裡還是感到孤獨，彷彿與一切都脫節了，但我不再將自己封閉在孤獨中，不停想著和父母一起吃飯的美好。我可以勇敢踏出第一步，把吃午餐當成一個機會，努力在這個新的環境中找到新的朋友，開始新的感情，建立新的「家」。

　　正是由於我內心邁出的這一小步，懷舊將不再只是一種提醒，述說曾在生活中閃耀的美好事物不復存在，而是成為我的親密好友，激勵我鼓起勇氣走到新同事面前，簡單詢問：「我能和你們一起吃午餐嗎？」

　　當然，有些東西一旦已經失去，就再也找不回來了。在這種情況下，可以讓懷舊的悲傷漸漸被曾經擁有過的感激取代，感激它們曾出現在我們的生活中。但如果我們懷念的事物能在新的時空中重新出現，或可以重新建構，那我們唯一要做的是：從一塊磚開始重新建造它。

空虛
. . . .

唉，我也不知道，
小怪物…… 我覺得
很空虛……

空虛？

沒錯，就是空虛。感覺到內
心缺了一塊，我想要填滿
它，但無論怎樣
都做不到……

它太煩人了，小怪物……我好
難過……但是，它就在那裡，
我趕不走。我想要
遠離它……

嗯……

聽我說……你是指那驅使你不斷畫畫的空虛嗎？

它是不是讓你更深刻理解那些遇到問題的人們？是不是讓你在感到孤獨時想尋求朋友的幫助？是不是催促你走出家門欣賞風景？

是不是讓你追求生活的美好、欣賞電影的美妙，讓你想要認識新朋友，或者讓你在獨處時能更認識自己？

對啊。

了解，那我不會把這種情緒稱為「空虛」！

沒有意義的路

小怪物，你明白嗎？我要找的是有價值的東西，不需要我去探索和挖掘，本身價值就顯而易見的那種！這樣就輕鬆多了！你明白嗎？

嗯……你的意思是？

當然了！這就代表我必須要有行動力、要強勢、要掐住命運的喉嚨和它對抗！為了達成目標，哪怕是沒有意義的路，我也要走下去！

好吧。

嗯？怎麼了？

我不知道。這個背包有點奇怪。它剛剛砸了我一下！

背包奇怪？

嗯……你是不是把痛苦也放進背包裡了？

哦？對啊，你為什麼這樣問？

總之，它砸了你一下是因為……

因為什麼？

悲傷不會無緣無故出
現在行經的路上？

你覺得呢？
要不要換條路？

我來了！

17

在悲傷的盡頭

很多時候，當內心產生不愉快的情緒時，我們的第一反應是趕走它、隱藏它、忽視它。

當我們與內心的情緒爭鬥時，總希望能趕快克服它。但比起接受並理解它所傳遞的資訊，爭鬥只會讓我們陷入情緒而不可自拔，並且感受到更多痛苦。

因為情緒並不是我們的敵人，我們毋須戰勝它，而是要去感受它，不被它阻礙，然後帶著它提供的啟示前進。

但是要理解怎樣與情緒共處，何時能宣洩情緒，把握好縱容某種情緒的標準並不容易，因為某些情緒帶來的負擔，實在令人難以承受。

悲傷就是一種沉重的情緒。

悲傷可能是一種懲罰，一個不受歡迎的「朋友」。它將我們所見、所做和所經歷的一切都染上灰色。若你不知道如何排解悲傷，它就可能會成為一個障礙，甚至演變成一種惡習，妨礙我們追求積極而充實的生活。

當悲傷在生活中盤踞了很長時間，並且變得無處不在時，別人會認為這是你的主觀選擇：「你應該努力打起精神來。」「不要總是悶悶不樂。」「你可以試著更輕鬆去對待它。」這些都是

偶爾沉溺於悲傷時可能聽到的話。

但悲傷不是一種選擇，至少不完全是。

悲傷背後藏著失望、放棄、承認自己對某事無能為力的痛苦。悲傷的人可能是突發事件的受害者，他曾經嘗試著改變，結果卻失敗了，他可能正準備放棄抵抗。當放棄、絕望和自認是受害者的想法主導大腦時，悲傷就會打開通往抑鬱的大門。

那麼，我們該如何應對悲傷呢？

這顯然不是意志力的問題，一個人無法控制自己停止悲傷。人們感到悲傷是有具體原因的，除非改變與之相關的因素，否則悲傷將一直延續下去。

試圖消除引起悲傷的因素，其實並非解決方法，因為我們沒能力去掌控生活中的一切事物：有些損失無法彌補，有些情況無法改變，有些關係無法修復。

消除悲傷的辦法必須從悲傷本身尋求。我們必須有勇氣真正去面對悲傷，完整的消化它，然後尋找位於悲傷盡頭那顆希望的種子，只有在觸碰到悲傷的谷底後，希望的種子才能萌發出嶄新生命力。

幫助我們走出悲傷的關鍵，是能重新掌握生活的希望，是能真正改變些什麼的希望，是能學會接受某些情況無法改變。其中特別重要的是，我們要了解自己無力改變某些事。因為只有到了生活中最絕望的時刻，在我們似乎失去一切時，才會知道自己將如何應對。我們也許能夠因為這樣，以嶄新的、積極的、有創造性的方式生活，最終我們將發現，其實在山窮水盡之後，永遠會有柳暗花明。

哎喲！小怪物，我又摔倒了！怎麼回事？我們到了什麼地方？

我們已經進入「香蕉皮之地」。這裡是我們內心世界的邊界。加油，快站起來，我們可以學習「滑」著走！

我內心的黑暗嗎？那樣的話，也許我應該和他聊一聊，就像和你聊天那樣。

不，不要和黑暗聊天！

那我該怎麼辦？

忽視它就好……

只往有光的方向看。

18

黑暗和小怪物
有何不同？

以我的個人經驗來看，每個人心中連同其他好或不好的事物，都遊蕩著兩個可怕的存在：「小怪物」和「黑暗」。

　　我們內心的小怪物，其實是自我的一部分，是自身不被接受、不被理解、不被知曉的部分。那是我們內心的陰暗面，以及真實人格中的未知區域。由於它未被照亮、不為人知，也無法用同樣的語言與我們交流。

　　雖然小怪物看起來可怕、邪惡，但實際上它會給予我們正面的提示，因為小怪物就是我們本質中的一部分。這個部分就好像是未開發的礦藏，其中蘊含著美和天賦，以及最重要的特質。若想好好發掘我們身上的特質，就得透過自我和內心進行充分而深刻的對話。

　　此外，我們的內心還存在著「黑暗」。我無法定義「黑暗」，心理學史上充滿對於其本質的探索，雖然沒有定論，但至少可以肯定的是，在人生的某個階段，我們內心不僅會收到來自小怪物的提示，還會被詆毀、貶低、傷害和破壞的「聲音」入侵，這些就是黑暗的聲音。

黑暗往往是因外在貶低所導致，例如「你應該更努力一些」、「你的能力無法勝任這工作」、「你的水準不該只是這樣」等指責的話語。這類話語帶有黑暗的力量，如果一個人因這些「聲音」感到愧疚並隨之改變，那麼他的自我評價將跟著降低，也會變得愈來愈脆弱。

　　小怪物與黑暗的區別在於「所造成的影響」，或者說「我們隨之發生的變化」。與小怪物對話，它會改變，會因為受到撫慰而平靜下來，進而改變與我們的溝通方式，掀開誤解、自貶和各種恐懼編織成的毯子，把它為我們守護的寶物顯露出來。但是與黑暗對話，則會讓人改變，使我們漸漸變得更沒自信、更脆弱、更自卑、更不敢自己做決定。

　　與小怪物對話為我們帶來生命力，與黑暗對話則侵蝕我們的生命力。有很多學術流派，例如一些心理治療學派、跨神學領域的靈性流派等，都在探索相關理論，用以區分這兩者。

　　事實上，兩者的邊界非常模糊。小怪物和黑暗就存在於我們的心理世界。這裡的「心理」可理解為其詞源本義，也就是人的「靈魂」。

因此，我們要分辨在靈魂中、頭腦中和我們心中說話的兩種聲音，從而了解哪些聲音應該被傾聽，哪些聲音可以與之對話，哪些聲音應該忽視，以免導致自我的墮落，因為正如尼采所說：「與怪物戰鬥的人，應當小心自己不要成為怪物。當你凝視深淵時，深淵也在凝視你。」

唉！這裡怎麼
這麼黑呀？

這裡就是這樣，
一片漆黑，就像
我的內心。是我
活該，小怪物！
你怎麼了？

你怎麼了？

我傷害了一個
人，一個對我
來說很重要的
人。我現在很
難過。

哦，我知道了⋯⋯
抱歉⋯⋯

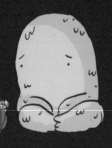

小怪物……

怎麼了？

我想問你……你覺得，假如他人不能接受真實、完整的我們，那該怎麼辦呢？

在我看來，如果別人不能理解你的某一面，並不表示他對你懷有惡意。只是每個人性格不同，也許碰巧你們的性格難以磨合，從某種程度來說，他也無可奈何。

所以，好吧，即使你不高興，也確實應該理智看待這件事；即使別人不理解你，也不要加以苛責，尊重自己，也尊重他人……

好吧。我覺得你說得很對，但是這件事做起來並不簡單啊！

沒錯。

那你能做到嗎？

我？

名字

天靈靈，地靈靈，何方怪物，現出原形！你何方人氏？報上名來！

大家好，我是孤獨。

ppji！

哇……小怪物，你是怎麼做到的？

存在就該有尊嚴，你要賦予它們名字。

19

孤獨感的誕生

前不久，我在四月的某個週日下午，陪媽媽去家鄉的古城區辦事。我在附近漫步等待的時候，思緒紛紛擾擾，有一種沉重的不適感。

　　儘管多年以來，我已經與內心的小怪物逐漸和解，但每當感到不愉快時，我的直覺還是會想要逃跑。

　　因此，那個下午我都在胡思亂想，並試圖透過欣賞城市的美景，分散自己的注意力以擺脫煩擾。看著靜靜流淌的河水，直到古城區傍晚的燈光亮起，我也沒有找到幫助自己擺脫情緒問題的事物。

　　最後，我決定找個地方坐一下。也許我只是太累了，又或許是因為周圍的環境，和我創作小怪物和小女孩對話的場景太相似了，就在我倚著牆盤腿坐下後，內心不適的感覺又翻湧上來。這次我沒有繼續逃避，而是選擇直接面對，我提問：「你是什麼？」

　　「我是孤獨。」我聽到它如此回答。

　　孤獨……多麼明顯啊！我以前怎麼沒有想到呢？就在那一刻，我腦海裡浮現了一個清晰的形象，我看到了它的形狀、顏色，以及對我「依戀」的程度。

讓我印象最深刻的是，它的固執與幾年前的小怪物意外相似。那時我剛開始認識小怪物，還沒有學會接受它、和它好好對話，而它看上去也不是如今的樣子。孤獨就像岩漿一般，沉重而灼燒內心、令人不適，卻又無法擺脫。然而，就跟小怪物一樣，當我把它視為有人格、有尊嚴的個體時，它就與我分離，成為嶄新、自由的個體，從此我們之間的對話和互動更加順暢。

　　它曾是我的一部分，但並不完全是我。我可以感覺到它的存在，但這種存在感讓我難以忍受。

　　我還是不明白……

　　我是一個孤獨的人，這是真的，我十分內向且謹慎，身邊也沒有很多朋友，我篩選並努力維持自己的社會關係，這點想必內向的人都能理解。我有真正的朋友，身邊也有愛我的人，我很感謝他們出現在自己的生命中。儘管如此，在那個四月的下午，我感受到一種從內而生、向外萌發的孤獨感。我為什麼會感到孤獨？什麼事讓我感到孤獨？何時、在哪、如何讓我感到孤獨？為什麼內心的那種感受不願消失？

我在與新的「小怪物」對抗，我必須承認自己沒有充足的信心、完備的知識來和它對話，並給它正確的評價，不過我正在努力。到目前為止我知道的是，孤獨並不取決於我們身邊有沒有人陪伴，而是源於我們的內心。我們內心存在一個核心，也許是所謂的「靈魂」，或者是心靈的一部分。我不知道該如何描述，這個核心感受到生命的孤獨，超越了那些提供陪伴的美好、理應驅散我們內心孤獨的人們。對此，我也有個還未證實的假設：孤獨的產生，並不是因為我們收到來自他人的愛意不夠多，而是因為我們付出、給予他人的愛還不夠。

　　也許，不是因為當下獨自一人、單身或別的原因，讓我們覺得孤獨，而是因為我們離開一個可以關愛，或者應該照顧、想要照顧的人。

　　我深深了解到這是個複雜的問題，與給予及接受有關，與我們生活在這世上的意義有關。所以現在我不會在此討論，但在那個四月的下午，當我在家鄉的古城區邊走邊任思緒飛馳時，確實明白了一件事，那就是當我們感覺內心存在令人煩躁不堪，但怎麼也趕不走的東西時，如果想要開始處理它，應該先問一個簡單的問題：「你是什麼？」

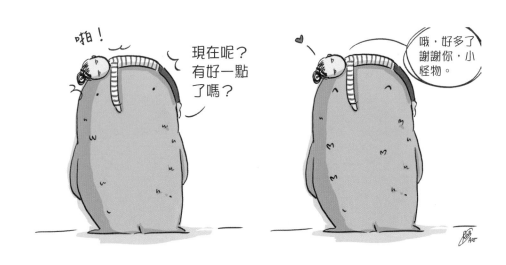

20

孤獨的另一面

花季般的二十歲，我正在讀大學。某天某個時刻，我與好朋友面對面靜靜坐著，沒有人說話，只是用眼神溝通我們感受到的事物。當時我感受到的是孤獨，和更多的孤獨……

　　我感到很孤獨，儘管朋友、情人、家人都在身邊，但仍然感到孤獨。

　　當我開始獨居，來到期盼已久的公寓前，把鑰匙插進大門時，我終於因為擁有自己的小窩，內心湧上一陣喜悅。這個樓中樓單人公寓是屬於我的世界：這裡只有我、窗外的樹，和我紛亂的內心。

　　獨處狀態讓我感覺愉悅，我需要獨處。我潛意識仍為內心的混亂無序感到焦慮。某個深夜，我從睡夢中醒來，與小怪物展開第一次嚴肅而緊張的談話。我獨自一人，沒有任何支持和幫助。那次對話進行得很艱難。

　　一段時間後，獨立自主的感覺開始發生變化，我一直以來尋求的獨處，帶來的孤獨感變得愈來愈沉重。

　　我內心渴望找到一個特別的人，一個能在我艱難的內心覺醒旅程中，給予我溫暖擁抱的人；一個能給我安全感、長久陪我走下去的人。我幻想了一段美國電影式的邂逅：她和他在飛機上偶

然相遇，立刻發現對方是自己命中注定的伴侶，於是一同迎來美妙的人生。但我愈是努力尋找，就愈是失落與失望。每次幻想破滅之後，只有孤獨在家裡等著我。

我一直都不太相信「你必須學會獨處」這觀點。雖然有些人性格內向，但我們都是社會動物，依賴人際關係而活。因此，孤獨或許有好處，不過它的危害絕不能被忽視。孤獨會使我們封閉自己，激化本身憤世嫉俗和自私的一面。

也許正是因為如此，我在某個時刻有所領悟，如果我無法從孤獨中走出來，至少可以找到它存在的意義；如果它注定與我長久相伴，那我必須摸索出更好的共處之道，學會吸收孤獨的養分，而不是被它毒害。

這條路並不容易，我仍在努力前行。這個認知讓我學會過好每天的生活，除了更加努力工作以減少孤獨的負擔外，還學會了讓這負擔為我所用：去尋找其他人，克服自己內向的性格。我因此學到很多，例如向他人敞開心扉。

孤獨使我能更享受生活中的人際關係，也促使我去建立新的人際關係，而這本身就是我生活中的一部分。孤獨讓我感知到在人群中無法感受到的情緒，探索只有獨處才能觸碰到自己的另一

面。到了現在，如果孤獨很久都不來造訪，我甚至會想念它！

　　當然，我並不是說孤獨是一種理想的狀態，它的積極影響和消極影響難以估算，但隨著時間推移，如果你更多信任它，並且努力克服常伴隨孤獨而來的懶惰，就會發現孤獨也有珍貴、具啟發性的一面。如果不對此加以探索，那真是太可惜了，甚至可以說若不去探索它，你將後悔莫及，因為你永遠不知道自己還有多少可支配的時間。

　　最後，畢竟誰也說不準，或許美國電影式的愛情幻想終將成真，那麼所有令人不適但著迷的孤獨感，可能都將在瞬間消失。

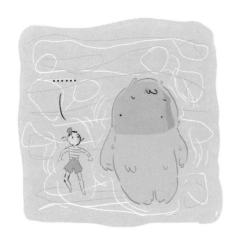

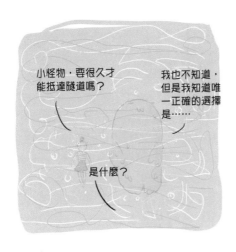

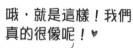

小怪物，你到底想幹嘛？
你這樣做，會讓我顯得好
像有很重的負擔！還好他
已經走了，什麼
都沒看見！

我才不重呢！明明是
你硬要把我塞進背籃
裡藏起來。

21

孤獨感從何而來？

幾年前一個六月的午後，我路過托斯卡尼大區一座小城市的火車站。當時出差結束，我正準備回家。天氣很熱，我也感覺疲憊不堪，迫不及待想找個地方休息一下。

　　當車站廣播響起時，我已站在黃線邊緣準備上車。但車門剛打開，一位慌慌張張的女士就抓住我的手臂，以一種傲慢、居高臨下的口氣說道：「借過，親愛的。」

　　以往在這種情況下，我總無法做出合適的回應。我常因為害羞、膽怯、想表現禮貌而保持沉默，忍受插隊者的傲慢無禮，但那天我卻一反常態。可能是因為天氣太熱，也許是因為我當時太累，抑或是兩者都有，不知不覺間，我聽到自己堅定回答：「不行，女士，是我先到的，不好意思。」這句話脫口而出時，我感覺自己好像在夢遊，對自己的反應感到很驚訝。最後，我把這位女士的手從自己身上拿開，站到前面的位置並上了火車。

　　當我走向座位時，各種擔憂在腦中盤旋：「我是不是很無禮？是不是太不友善，甚至有些粗魯、傲慢？我是不是應該讓她先上車？其他人會怎麼看我？」

　　這時，我想到以下幾點。

第一，那位女士在我之後上了車，並沒有抱怨什麼。而且她一坐下就開始打電話，談起別的事情。

　　第二，當時在場的所有人，都沒有像我擔心的那樣，在我經過時用眼神譴責我。他們甚至根本沒在看我，每個人都做著自己的事，這非常好。

　　第三，我內心對這位女士並未留下任何怨恨、憤怒或激動的情緒，這是最荒謬的一點。因為往常遇到這種情況時，我會不斷沉浸其中，「恨」這個人直到世界末日。

　　後來我又有一次類似的經歷。朋友們邀我去海邊玩，而我有點討厭其中某人的女朋友，並沒有什麼特別的原因。她性格非常沉靜，總是專注於自己的事，但每當我看到她一個人待著時，內心都會有一種奇怪的衝動，認為自己必須照顧她。我陪她談天說地，卻沒有因此真正感到自在、放鬆。

　　不過那一次我累了，想要放鬆一下，因此沒有精力去維持往常友好的表演，在無意間（或許也是有意）保持了冷漠和安靜。內心有個聲音對我說：「你在幹嘛？快展開行動，態度好一點，不要那麼自私、只想著自己！」但令我訝異的是，那女孩主動走向我，然後向我提問。從我們認識以來，她的眼神第一次真正透

露關心，而不是像之前一樣遊移不定、滿不在乎。那天我們在放鬆的閒聊和並不尷尬的沉默中度過，我的心情輕鬆而愉快。最後我改變了看法，她其實非常善良。

此後我反覆思考這兩段經歷，發現了兩者間的共同點：這兩次我都與往常不同，決定暴露自以為不好的一面。在車站，我做出自認有些失禮的行為；在海邊，我因為更想照顧自己，所以「自私」沒有主動關懷別人。

我從中總結出一個重要的經驗：很多時候，真正使我們變得不愉快的，不是我們令人不快的那一面，而是我們不尊重自己、違背本身意願去迎合別人的舉動。

天啊，我們為什麼會在這搖搖欲墜
的漩渦上？這是什麼？

這是我的執念……

看！又開始了！你聽到了嗎？
這些執念快要把我逼瘋了！

不好意思，但是……為什
麼你會陷入偏執呢？

那我要怎麼做，才
能打消這些念頭？

我做不到！這些「如果」
的執念太強了。我該怎
麼辦？

但是，你如果可以把這
些執念轉化一下呢？

唉呀,好痛!發生了什麼
事?執念居然開始消失了!
你做了什麼,小怪物?

沒什麼!別人對我那麼不信任,
我對他們也失去了信任!

哦！

咔！

哇，小怪物！快看，星空好美啊！

沒錯！你現在還覺得一切都那麼喧囂、嘈雜嗎？

沒錯，法蘭科・巴薩格利亞[2]曾說：「近距離觀察，沒有完全正常的人。」我早就跟你說過，這話是對的。

小怪物！我簡直不敢相信！我們真的不是獨一無二！

⁴CIT. FRANCO BASAGLIA

---

2 法蘭科・巴薩格利亞（Franco Basaglia）是義大利知名精神科醫生。

輕心靈 008

我與情緒小怪物*

聊一聊那些焦慮、恐懼、失落，找回安定內在

作者｜羅貝塔·古扎迪 Roberta Guzzardi
譯者｜李夢如
責任編輯｜蔡川惠
編輯協力｜謝采芳、陳子揚、謝宥融
封面設計｜周家瑤
內頁設計｜賴姵伶
行銷企劃｜陳佩宜

天下雜誌群創辦人｜殷允芃
董事長兼執行長｜何琦瑜
媒體產品事業群
總經理｜游玉雪
副總經理｜林彥傑
總監｜李佩芬
版權專員｜何晨瑋、黃微真

出版者｜親子天下股份有限公司
地址｜台北市 104 建國北路一段 96 號 4 樓
電話｜(02)2509-2800　傳真｜(02)2509-2462
網址｜www.parenting.com.tw
讀者服務專線｜(02)2662-0332　週一～週五 09:00~17:30
讀者服務傳真｜(02)2662-6048
客服信箱｜bill@cw.com.tw

法律顧問｜台英國際商務法律事務所 · 羅明通律師
製版印刷｜中原造像股份有限公司
總經銷｜大和圖書有限公司　電話｜(02)8990-2588

出版日期｜2023 年 6 月第一版第一次印行
定價｜450 元
書號｜BKELL008P
ISBN｜978-626-305-519-3

本繁體中文譯稿由天津星文化傳播有限公司授權使用。
項目合作：銳拓傳媒 copyright@rightol.com

IO E (IL) MOSTRO
© 2021 Mondadori Libri S.p.A. / Fabbri, Milan
The Complex Chinese translation rights arranged through Rightol Media.

國家圖書館出版品預行編目 (CIP) 資料

我與情緒小怪物：聊一聊那些焦慮、恐懼、失落，找
回安定內在/羅貝塔·古扎迪 (Roberta Guzzardi) 作. --
第 1 版 . -- 臺北市：親子天下股份有限公司, 2023.06
288 面；17×23 公分 . -- (輕心靈；8)
譯自：Io e (il) mostro.
ISBN 978-626-305-519-3(平裝)

1.CST: 情緒管理 2.CST: 通俗作品

176.52　　　　　　　　112009070

訂購服務
親子天下 Shopping｜shopping.parenting.com.tw
海外·大量訂購｜parenting@service.cw.com.tw
書香花園｜台北市建國北路二段 6 巷 11 號　電話｜(02)2506-1635
劃撥帳號｜50331356 親子天下股份有限公司

立即購買 >